LA DEMOISELLE

DE

LA CONFRÉRIE,

PAR

MAXIMILIEN PERRIN,

Auteur de : *l'Amour et la Faim, la Fille de l'Invalide, la Servante-Maîtresse, la Grande Dame et la Jeune Fille*, etc.

I

PARIS,

CHARLES LACHAPELLE, ÉDITEUR,

75, RUE SAINT-JACQUES.

—

1837.

SOUS PRESSE.

CHRONIQUES
DES TUILERIES
ET DU
LUXEMBOURG;

PHYSIOLOGIE DES COURS MODERNES,

Par G. TOUCHARD-LAFOSSE.

4 ou 6 vol. in-8 sur beau papier.

    Les sociétés peuvent être comparées à ces paysages riches de détails, qui, considérés sous des points de vue différens, offrent à l'œil un aspect varié; ou, si l'on veut, le monde est un prisme à mille facettes, et chacune d'elles devient, pour

l'observateur, le sujet d'une étude particulière, qu'une seule génération ne saurait achever.

Certes ! nulle période ne fut plus explorée, plus diversement décrite que celle où les principes proclamés en 1789, se sont combinés, dans une *régénérescence* spontanée, puis dans une dégénérescence progressive, divisée en trois époques : la révolution proprement dite, le régime impérial et la restauration. Le catalogue des ouvrages publiés sur cette trilogie féconde, formerait plusieurs gros volumes ; et pourtant on est loin d'avoir tout considéré, encore plus loin d'avoir tout dit. Par exemple, les cours, que la révolution a refondues dans son vaste creuset, n'ont obtenu des mémorialistes que quelques esquisses rapides, quelques croquis tronqués, vrais souvent de dessin et de coloris ; mais inachevés, mais coupés à vif en plein intérêt : arrachemens de peinture morale qui, d'ailleurs, ne présentent nulle part une galerie complète. En un mot, la physionomie des courtisans, saisie sur le théâtre vers lequel leurs passions convergent, n'a point encore trouvé de peintre spécial : l'auteur des *Souvenirs d'un demi-siècle*, des *Réverbères*, des *Chroniques de l'œil de Bœuf*, pose une nouvelle toile sur son chevalet pour essayer de reproduire cette physionomie grimacière et fardée.

Et lorsqu'il demeure si bien constaté qu'à la cour

les superficies déçoivent plus encore qu'à la ville, il est digne de l'observateur de saisir le scalpel du physiologiste pour analyser tour à tour les parties organiques sur lesquelles s'étend l'épiderme brillante des grandeurs de palais.

Ainsi viendront se ranger dans un cadre d'une forme nouvelle, *le grand chambellan, le grand maréchal, le grand maître des cérémonies, le premier gentilhomme de la chambre, le gentilhomme ordinaire ou le chambellan, le préfet du palais, l'aide-de-camp de service, l'officier d'ordonnance, l'écuyer ou le cavalcadour, le page, l'aumônier;* puis *le secrétaire intime*, pour lequel il existe peu de génies couronnés ou sérénissimes; *le valet de chambre*, pour qui l'on sait qu'il n'est point de héros, même sur le trône. A travers ces personnages s'insinueront, pour varier les portraits et les tableaux de genre, *la dame d'honneur, la dame d'atour, la dame du palais, la dame pour accompagner, la lectrice, la femme de chambre*, fonctionnaire discrète pour laquelle il est si peu de charmes vrais et de vertus sincères dans la vie excentrique des sommités sociales.

Nous ne pourrions énumérer ici tous les chapitres du livre projeté; nous dirons seulement qu'aucun des personnages en évidence à la cour ne sera omis dans nos chroniques. Le souverain lui-même, empereur, roi, consul ou directeur, n'échappera point au scalpel du chroniqueur; et quoiqu'il puisse sembler d'une grande irrévérence de disséquer impitoyablement une favorite, une reine, une impératrice, l'auteur ne s'en abstiendra pas.... Il s'arrêtera à l'année 1830.

Chacun de nos chapitres, tableau de mœurs tracé, autant que possibe, avec les élémens et les ressources du drame, offrira tout ce qui semblera devoir intéresser dans la carrière de l'espèce de fonctionnaire mise en scène; des noms ainsi que des évènemens historiques formeront le fond de chaque sujet.

Qu'ajouter encore à l'annonce de cette publication ? un vers et demi de Racine :

> . . . . et pour être approuvés,
> De semblables projets veulent être achevés.

L'ouvrage paraîtra par livraison de deux volumes ; la première sera en vente, fin mars prochain ; la seconde, fin mai, etc.

LAGNY. — Imp. d'A. Le Boyer et Comp.

LA DEMOISELLE
DE
LA CONFRÉRIE.

LIBRAIRIE DE CHARLES LACHAPELLE.

Ouvrages de Maximilien Perrin.

LA GRANDE DAME ET LA JEUNE FILLE, 2 vol. in-8.	15 fr.
LA FILLE DE L'INVALIDE, 2 vol. in-8.	15
L'AMOUR ET LA FAIM, 2 vol. in-8.	15
LA SERVANTE MAITRESSE, 2 vol. in-8.	15
LES MAUVAISES TÊTES, 4 vol. in-12.	12
LE PRÊTRE ET LA DANSEUSE, 4 vol. in-12.	12
LA FEMME ET LA MAITRESSE, 4 vol. in-12.	12

Ouvrages de G. Touchard-Lafosse.

LES RÉVERBÈRES, chroniques de nuit du vieux et du nouveau Paris, 6 vol. in-8.	30 fr.
LES BOSQUETS DE ROMAINVILLE, 2 vol. in-8.	15
MARTHE LA LIVONIENNE, 2 vol. in-8.	15
RODOLPHE OU A MOI LA FORTUNE, 2 vol. in-8.	15
LA PUDEUR ET L'OPÉRA, *deuxième édition*, 4 vol. in-12.	12
LES AMOURS D'UN POÈTE, 2 vol. in-8.	15
CHRONIQUES des châteaux des Tuileries et du Luxembourg, physiologie des cours modernes, 4 vol. in-8.	30

E. Dépée, Imprimeur, à Sceaux.

LA DEMOISELLE

DE

LA CONFRÉRIE,

PAR

MAXIMILIEN PERRIN,

Auteur de : *l'Amour et la Faim, la Fille de l'Invalide, la Servante-Maîtresse, la Grande Dame et la Jeune Fille,* etc.

I

PARIS,

CHARLES LACHAPELLE, ÉDITEUR,

75, RUE SAINT-JACQUES.

1837.

I.

LA PETITE MENDIANTE.

— Ah! monsieur, un secours s'il vous plaît pour ma pauvre mère, bien malade! murmurait d'une voix faible et suppliante, une petite fille, âgée à peu près de dix à onze ans, en avançant la main avec timidité.

Cette prière se faisait à dix heures du soir dans la rue des Martyrs, et s'adressait à un monsieur d'une trentaine d'années, qui sortant du théâtre de Montmartre, regagnait pédestrement sa demeure. L'étranger, sensible à la demande de la jeune fille, s'arrête, et fouillant à son gousset, afin d'y atteindre quelques monnaies, aperçoit une larme briller dans les yeux de la petite mendiante. — Oh! oh! ceci, pense-t-il, est un chagrin sérieux, une misère réelle, puis il met plusieurs pièces blanches dans la main de l'enfant qui, à la faible lueur des réverbères, lui paraît jolie comme un ange.

— Pourquoi pleurez-vous, ma chère petite, demande-t-il avec intérêt?

— Hélas! monsieur, c'est que ma bonne mère est bien malade et qu'elle va bientôt mourir,

— Et ton père, mon enfant, que fait-il?

— Je ne l'ai jamais connu, monsieur.

— Ta mère est donc bien pauvre, qu'elle t'envoie mendier à cette heure, toi, si jeune?

— Oh! bien pauvre, bien pauvre, monsieur! car, depuis un mois qu'elle est malade et ne peut plus travailler à ses gants, nous avons souvent manqué de pain.

— Tu la dis bien malade; mais, qui donc veille sur elle en ce moment.

— Personne, monsieur, aussi vais-je vite retourner lui porter votre bienfait.

— Est-ce ta mère qui t'ordonne de demander la charité?

— Non, monsieur, elle l'ignore même; c'est moi qui, afin de pouvoir lui procurer les choses nécessaires à sa guérison, m'échappe pendant son sommeil pour implorer le soir la charité des passans.

— Pauvre enfant! et où demeurez-vous?

— Rue Coquenard, n. 7, au cinquième.

— C'est bien, ma chère petite, rentre chez toi; demain matin, j'irai voir ta mère, lui porter quelques secours; en attendant, prends toujours cela, et surtout ne pleure plus... à demain.

— Merci! merci, monsieur, à demain, je vous attendrai, répond la jeune fille, qui après avoir mis dans sa poche la pièce d'or de vingt francs que vient de lui donner l'homme bienfaisant, s'est emparé de sa main et l'a baisée avec transport.

L'étranger, après avoir souri à cette caresse de l'enfant, continue son chemin, et la jeune fille, heureuse et sautillante, se dirige vers sa demeure, en pressant précieusement dans sa main la riche aumône qu'elle compte employer à soulager sa mère.

— Juliette! s'écrie d'un accent traînant et en appuyant sur chaque syllabe, une femme qui, plantée sur la porte d'une boutique de fruitière, vient d'apercevoir l'enfant se glisser avec la rapidité de l'éclair, dans l'obscure et infecte allée de la maison qu'elle habite.

— Vous m'appelez, madame Grigou? demande la petite, après être revenue sur ses pas, et s'adressant à la fruitière :

— Ah çà! dis donc, avorton, quand donc m'ame ta mère se décidera-t-elle à me payer les cotrets que je lui ai vendus; dans l'an quarante, sans doute?

— Hélas! madame Grigou, vous savez bien qu'elle est malade, et que nous sommes bien pauvres.

— Qu'est-ce ça me fait, à moi? j'veux mon beurre, ou je fais tapage d'abord! reprend la femme en plaçant les poings sur les hanches.

— Mon Dieu! madame, ne vous fâchez pas, je vais vous payer de suite, répond en tremblant Juliette.

— Ah! à ce qui paraît, ta mère est dérafalée aujourd'hui, et ben tant mieux! j'ai ben fait de me fâcher aujourd'hui, et d'avoir choisi le bon moment sans m'en douter.

— Combien devons-nous, madame?

— Cinq cotrets à six sous, et puis trois pains de munition pour ton chien.

— Nous n'avons pas de chien, madame.

— Ah! c'est différent, alors pour vot' café à la crême, enfin suffit! total 42 sous. Allons, mijaurée, aboule et porte une autre fois ta pratique ailleurs... Tiens! tu pleures, en v'là ben d'une autre... Allons, pas de chagrin, mon enfant... Au fait, j'ons eu tort de te rudoyer, je savons que t'es une bonne fille qu'a ben soin de sa mère; va, Juliette, le bon Dieu te bénira, mon enfant.

— Tenez, madame, payez-vous, s'il-vous-plaît, dit la jeune fille en essuyant ses larmes avec le coin de son tablier, et présentant à madame Grigou une des pièces de deux francs que lui a données l'étranger.

— Ah çà, ça te gêne-t-y, mon enfant, de payer à ct'heure, autrement, tu me remettras ct'argent une autre fois?

— Oh! non, madame, veuillez vous payer.

La fruitière, dont les larmes de Juliette ont changé l'humeur du tout au tout, accepte la pièce, se solde, puis, en expiation sans doute, de sa brutalité première, contraint l'enfant à emporter un pain noir et quelques pommes dont elle lui fait présent.

Juliette, cette fois, a grimpé sans obstacle son interminable cinquième, et ouvrant sans bruit la porte du misérable galetas servant d'asile à elle et à sa mère, s'approche doucement, doucement du lit où repose la malade dont elle contemple le sommeil avec intérêt.

— Te voilà, ma chérie? dit la pauvre femme ouvrant la paupière et rencontrant le regard de Juliette.

— Oui, c'est moi, ta chère petite fille, qui voulait s'assurer si tu dormais bien et n'avais besoin de rien.

— Tu t'es absentée dans la soirée, Juliette?

— Oui, ma bonne mère, j'ai profité de l'instant de ton repos pour descendre chez madame Grigou... Ah! si tu savais, bonne amie, comme ta Juliette est heureuse, contente et riche.

— Riche! répète la vieille femme en fixant la jeune fille avec surprise.

— Oui, riche; tiens, regarde cette jolie pièce d'or, comme elle brille, eh bien! elle est à nous, et puis ces trois pièces de deux francs.

— Jésus! où donc as-tu eu cet or, cet argent, ma mignonne?

— Ah! dame! tu ne me gronderas pas si je te dis la vérité?...

— Non, car je suis persuadée que ma Juliette n'a rien fait de mal pour l'acquérir.

— Ecoute donc alors : Tu te rapelles, bonne mère, que le médecin de la Charité, lorsqu'il vint te voir la dernière fois, t'ordonna plusieurs potions, puis, de prendre quelque nourriture saine et légère; oui, mais hélas! nous n'avions pas d'argent, plus rien pour nous en procurer, alors, je pleurais en cachette et de chagrin de ne pouvoir te soulager, lorsqu'il me vint une pensée, celle d'aller implorer la pitié d'un monsieur très riche et qu'on disait bien bon. J'y fus, sans t'en prévenir, bonne mère, car tu n'aurais jamais consenti à ce que ta Juliette allât mendier un secours, et cependant, c'est si naturel pour une mère.

— Quoi, mon ange, pour moi, tu as daigné t'abaisser à ce point?.. Voyons, achève, mon enfant.

— Eh bien! ce monsieur me reçut on ne

peut mieux ; je lui peignis notre triste position, et touché de tes maux, bonne mère, il me donna quelqu'argent, en m'engageant à revenir le revoir bientôt. Hier, ses secours étant épuisés, malgré mon économie, je me suis donc décidée à retourner de nouveau près de cet homme bienfaisant qui, après s'être informé de notre demeure, me donna tout l'argent que tu vois, en me promettant de venir te visiter demain matin.

— Que le ciel le bénisse, cet homme charitable, mais, réponds, Juliette, où demeure-t-il ?

— Où... où... reprend la jeune fille en hésitant... rue des Martyrs, ma bonne mère.

— Demain, de bonne heure, Juliette, il te faudra bien ranger le ménage, tâcher de cacher le plus possible notre misère sous un vernis de propreté ; enfin, je m'en repose sur ton soin, ton intelligence, ma chérie.

— Oh! sois sans inquiétude, je te promets que le balai n'oubliera pas les coins.

— Pauvre enfant! es-tu assez à plaindre, si jeune, et déjà tant de misère et de privations, dit la malade en prenant la main de l'enfant et fixant sur elle un regard rempli de l'expression du plus vif intérêt. Ah! si le bon Dieu daignait me rendre la santé, me conserver à ma Juliette, peut-être un jour viendrai-je à bout de découvrir certain secret qui la rendrait sans doute bien heureuse.

— Allons, allons, bonne mère, nous causons beaucoup trop ce soir, et le médecin l'a bien défendu; dors, dors tranquille, ta Juliette est heureuse, puisqu'elle est près de toi; va, laisse faire, je serai grande bientôt, et alors, je te gagnerai beaucoup d'argent; nous irons quelquefois promener sur les boulevarts; je t'achèterai un beau ployant pour tu reposer quand tu seras lasse de marcher.

Tout en disant, Juliette, en train de souper, enfonçait ses jolies dents blanches comme l'ivoire dans un gros morceau de pain noir qu'elle mangeait du meilleur appétit, en l'accompagnant d'une des pommes dont lui avait fait présent madame Grigou la fruitière. Après ce repas frugal, la jeune fille fit sa prière, baisa doucement sa mère au front, et s'étendit toute habillée sur un malheureux lit de paille placé dans un des coins de la chambre. Deux minutes plus tard, Juliette, dans un doux sommeil, oubliait déjà sa misère et ses chagrins.

— Mon Dieu! comme elle est pâle et paraît souffrir! pensait le lendemain la matinale jeune fille, ayant quitté sa couche et s'étant approchée à bas bruit du lit de sa mère.

— Qu'elle heure est il, Juliette?

— Au soleil, je crois qu'il est six heures, maman; as-tu bien dormi cette nuit?

—Hélas ! comme ça, mon enfant, j'ai beaucoup souffert.

— Faudra-t-il prier le médecin de venir te voir.

— Non, non, c'est inutile de le déranger si souvent, tu ne réfléchis donc pas, Juliette, que cet excellent docteur ne reçoit de nous aucun salaire pour les soins qu'il me porte ?

— C'est vrai, mais nous pouvons le payer maintenant, n'avons-nous pas de l'or ?

— Songe que si je suis malade encore longtemps, il te faut vivre, toi, ma chère enfant, et que cet argent nous devient de la plus grande nécessité ?

— Oui, pour te procurer de quoi guérir bien vite ; quant à moi, oh ! je ne suis pas inquiète.

—Me guérir, hélas ! je le souhaite pour toi, ma pauvre petite ; car, si tu venais à me perdre ! ! !

— De grâce! ma bonne mère, ne me parle pas ainsi.

— Il faut tout prévoir, ma Juliette, et mon cœur saigne douloureusement à l'idée de te laisser seule en ce monde, pauvre et sans protecteur, toi, si jeune mon enfant. Ecoute, écoute, Juliette, et ne pleure pas ainsi, promets à ta mère, si ce malheur arrivait, que chaque jour, tu prieras le ciel qu'il te garantisse du mal. Tu grandiras, mon enfant, tu seras belle, bien des pièges seront tendus à ta sagesse, à ton innocence, on essaiera de corrompre ton cœur, oh! ma fille! sois ferme alors, résiste à toute séduction, appelle Dieu à ton aide, souviens-toi de ta mère, et pour prix d'une vertu que tu auras su défendre et conserver sans tache, un honnête homme, en te donnant son nom et sa main, deviendra un jour ton soutien, ton ami et le remplaçant de ta mère adoptive.

— Assez, assez, ah! que tu me fais de chagrin en parlant ainsi, oh! vis long-temps, ma bonne mère, car sans toi, que deviendrait ta petite Julliette?

—Chère enfant! mais il y a des âmes charitables dans ce monde, peut-être serais-tu plus contente que tu ne l'es de mon vivant, peut-être retrouverais-tu tes véritables parens, alors, tu ne serais plus pauvre, Juliette; de bons et chauds vêtemens remplaceraient les villains haillons, dont la misère me force à couvrir ta gentille personne; on te donnerait un bel état, tu serais heureuse enfin, toi, qui mérite tant de l'être; toi, dont la raison, la sagesse devançant l'âge, est devenu pour ta mère adoptive, un soutien, une amie, une garde attentive et fidèle. Oh! Juliette, oh! mon enfant, le ciel te bénira comme en ce moment je te bénis moi-même.

En disant ces dernières paroles d'une voix

émue et les larmes aux yeux, la bonne femme étendait ses mains au-dessus de la tête de l'enfant qui, en cet instant, se trouvait penchée sur le lit. Mais, cet entretien avait eu un écouteur attentif, lequel attendri jusqu'aux larmes, fit entendre un léger coup sur la porte, à quoi répondit aussitôt Juliette, en courant ouvrir à l'étranger de la veille. En le reconnaissant, la jeune fille rougit de crainte et de plaisir, l'invite à vouloir bien entrer et lui présente une chaise près du lit de la malade. Les regards de l'étranger se sont portés autour de la chambre, et son cœur s'est oppressé à l'aspect de ce malheureux galetas, et des espèces de meubles qui le garnissent, puis, il a fixé Juliette, Juliette aux cheveux blonds, au visage enchanteur, qu'animent les plus beaux yeux du monde, et tout cela, sous une misérable coiffure de drap noir, garnie de vieille dentelle de même couleur, et jaunie par le temps.

— Combien, monsieur, je vous suis reconnaissante de votre charitable visite, dit la vieille femme, essayant à se mettre sur son séant.

— Restez, restez couchée, madame, je viens ici pour juger par mes yeux, répandre quelques consolations, et non pour déranger personne.

— Maman, c'est monsieur qui nous a donné notre jolie pièce d'or.

— Que de bonté, monsieur! et comment reconnaître une telle bienfaisance?

— En continuant à donner sans cesse à votre intéressante fille, les mêmes et excellens conseils que votre sagesse lui dictait il y a un instant, répond l'étranger; puis, apercevant sur la table le reste du pain de munition avec lequel Juliette a soupé la veille. Pauvre enfant, reprend-il, est-ce là votre nourriture ordinaire?

— Oui, monsieur, du pain de soldat, oh! il est très bon je vous assure! répond Juliette avec gaîté, et l'étranger de sourire à l'enfant.

— Cette jeune fille n'est donc pas la vôtre, madame, d'après les paroles qui ont frappé mon oreille?

— Non, monsieur, Juliette est un enfant qu'un bon ange a confié à mes soins.

— Vous connaissiez sa mère?

— Personne de ses parens, et voilà comme la chose se fit : un soir, tranquille dans cette chambre, occupée d'un travail qui soutenait ma vie, j'entendis frapper à la porte, j'ouvris, et aperçus un homme tenant sous son bras une bercelonnette d'osier renfermant un jeune enfant dont les cris trahissaient la présence, c'était Juliette, à peine âgée de six mois.

— Quelqu'un, qui connaît votre probité et

que des circonstances majeures contraignent à se séparer de cet enfant, vous fait prier, par ma bouche, de vouloir bien en prendre soin, de l'élever comme s'il vous appartenait, et, chaque trimestre, en échange de vos peines, il vous sera envoyé une somme pareille à celle-ci, en disant, cet homme déposait trois cents francs sur ma table.

Agée, pauvre et ne gagnant qu'un salaire à peine suffisant à ma triste existence, séduite par l'espoir d'un meilleur avenir, j'acceptai la proposition.

—On sera fort exact à vous payer, madame, reprit cet homme, mais à la condition que vous ne chercherez jamais à connaître les parens de cette jeune fille, que vous élèverez jusqu'à l'âge de cinq ans, époque, à laquelle, elle vous sera reprise en échange d'une forte récompense pour les soins que vous lui aurez portés dans son enfance. Je promis de remplir en honnête femme, la mission que j'acceptais et à laquelle je m'engageai par un écrit signé de ma main, que cet homme emporta.

—Et continua-t-on long-temps à vous payer le prix convenu ? demande l'étranger.

— Hélas! non, monsieur, je ne reçus jamais que les premiers cent écus, et depuis j'attendis vainement, car je ne revis et n'entendis plus parler de personne ; cependant je m'étais attachée à cette chère petite, je l'aimai comme mon propre enfant et continuai à en prendre soin, à l'élever du fruit de mon travail, mais si cette bonne action m'imposa quelquefois de cruelles privations, oh! j'en suis bien récompensée, puisque dans ma Juliette, dans mon enfant adoptif, je trouve la consolation de mes vieux jours.

— Pauvre femme ! exclama l'étranger.

— Oui, pauvre femme! répondit la bonne vieille, car depuis six semaines qu'il ne m'est plus possible de travailler, Juliette et moi, nous sommes bien à plaindre.

— Je ne suis pas venu dans ces lieux, pour n'apporter que de stériles consolations, ma chère dame, oui, vos peines seront adoucies, et je remercie le hasard qui m'a fait rencontrer en vous, la vertu malheureuse, des êtres vraiment dignes d'être secourus.

— Que vous êtes bon, monsieur, dit Juliette, et combien je vous aime déjà, oh! vous ferez bien, allez, de secourir maman Morin, elle est si bonne, elle aime tant sa petite Juliette, en disant, l'enfant souriait avec une grâce infinie et pressait tendrement dans les siennes, la main de la vieille malade.

— Ah! monsieur! puisqu'en ce jour elle trouve en vous un bienfaiteur, la vieille mère Morin n'a plus si peur de mourir, bien persuadée, que, lorsqu'elle ne sera plus, vous daignerez avoir pitié de sa chère petite fille, dit la bonne femme en tournant son regard suppliant vers l'étranger.

— Comptez sur ma promesse, ma chère dame, oui, si le malheur ravissait à Juliette sa meilleure amie, je m'engage à vous remplacer près d'elle, à veiller à son éducation.

L'entretien dura encore quelques temps, car, l'homme bienfaisant ne pouvait se lasser d'admirer les grâces naïves et la charmante figure de Juliette, enfin, forcé de la quitter, il déposa sa bourse dans les mains de la jeune fille, en lui recommandant d'avoir bien soin de ne pas l'épargner et de procurer à sa mère tout ce dont elle aurait besoin afin de hâter sa guérison, puis après la promesse de revenir le lendemain, il s'éloigna, non sans avoir avant, embrassé la jeune fille. Deux heures après, une lingère se présentait chez madame Morin, apportant de la part d'un monsieur qui venait d'en faire emplète, un trousseau complet, pour Juliette et sa vieille mère adoptive.

Heureuses de ce changement inespéré, le reste de la journée pour la mère et la fille s'était passé en joie et à s'entretenir de l'homme généreux qui, de la plus profonde misère venait de les faire passer subitement à la plus douce aisance; mais hé-las! pour Juliette ce contentement ne fut point d'une longue durée, car le même soir, sa vieille mère tomba dans une extrême faiblesse : la jeune fille, effrayée, courut aussitôt chercher le médecin, qu'en peu de temps elle amena au chevet de la malade.

— Il ne faut point rester seule ici, mon enfant, ne pouvez-vous avoir quelqu'un d'un âge plus raisonnable pour vous aider à veiller votre mère? dit le docteur après avoir tâté le pouls de la malade et étudié long-temps, l'altération de ses traits.

— Hélas! je ne connais personne, monsieur, qui consente à nous rendre ce service, cependant nous avons maintenant beaucoup d'argent et sommes à même d'en donner à ceux qui nous obligeraient.

— Alors, tâchez mon chère enfant, de vous procurer une garde pour la nuit ; ceci est de la dernière importance.

— Mon Dieu! monsieur, ma mère serait-elle plus malade?

— Non, pas davantage, répond l'homme de l'art en détournant son visage, afin que la jeune fille ne puisse y lire ce dont par humanité il cherche à lui faire mystère.

— Pourquoi appeler quelqu'un, n'ai-je point suffi jusqu'alors?

— Juliette, mon enfant, faites ce que je vous dis.

Juliette ne répond plus; puis après avoir essayé, d'un regard inquiet, à fouiller dans la pensée du docteur, elle s'éloigne en courant et revient bientôt suivi d'une femme que lui a indiqué madame Grigou, comme étant une excellente garde-malade. Alors le médecin, qui s'était engagé à veiller pendant l'absence de la jeune fille, s'éloigna à son retour, après lui avoir laissé une ordonnance et recommandé à la garde, la plus grande surveillance. Cependant après avoir copieusement soupé et bu à proportion, cette femme malgré la recommandation ne trouva rien de mieux à faire, que de s'endormir les deux coudes sur la table, a ronfler à fendre les murailles, tandis que, le cœur dévoré d'inquiétude et les larmes aux yeux, Juliette appuyée sur le bord du lit, écoutait avec angoisse, la pénible respiration et les gémissemens de sa vieille mère.

Le jour vint enfin succéder à une nuit qui, pour la pauvre Juliette, s'était passée toute entière sans sommeil ; son premier rayon, en pénétrant dans la chambre, vint éclairer les affreux ravages que le mal avait fait depuis la veille. En effet, la pauvre femme n'est plus reconnaissable, son visage allongé et d'un jaune terreux, semble inanimé, ses yeux sont fixes, ternes, et une faible respiration annonce seule, que la mort ne s'est point encore entièrement emparée de ce cadavre.

— Au nom du ciel! éveillez-vous, madame, ma pauvre mère est mourante, dit Juliette en pleurant, à la garde-malade dormant encore depuis la veille.

— Tiens! je m'étais endormie un instant, dit cette femme en bâillant et se frottant les yeux. Ah! y fait jour, c'est drôle ça, comme la nuit a passé vite.

— Mais venez donc, madame, voyez, voyez ma pauvre mère, combien elle est changée!

— Hum! fait la vigilante garde, je croyons

ben que la chère femme ne passera pas la journée...

— Cet affreux pronostic jeté inhumainement à l'oreille de Juliette, va bondir dans son cœur et y porte le coup le plus violent ; mais aussi prudente que dévorée de douleur, la jeune fille, craintive que ses soupirs, ses sanglots n'empoisonnent les derniers instans de sa mère adoptive, contient son désespoir et par ses prières, ses caresses, s'efforce d'obtenir un regard, un mot, de celle dont elle redoute la perte douloureuse.

Une heure plus tard, le médecin déclarait madame Morin sans vie. Un catarrhe l'avait étouffée.

— Viens, viens, pauvre petite ! je l'ai promis, je te servirai de père. Ainsi parlait le même jour M. Gabriel Desroches, le bienfaisant étranger, en pressant Juliette dans ses bras, en caressant le joli visage de l'inconsolable enfant en essuyant les abondantes larmes qui s'échappaient de ses beaux yeux.

Huit jours après, Juliette entrait dans un des meilleurs pensionnats de Passy.

II.

3 ANS APRÈS, UNE NUIT EN DILIGENCE.

— Mais c'est affreux, le parti que tu te décides à prendre. Quoi ! te marier Desroches, après un si long célibat, trente-trois ans, riche comme un Crésus, vingt mille livres de rente enfin ! Me frustrer moi, Brichard-Narcisse ton cousin, ton ami inséparable, de la fortune que vient de laisser en mourant, notre cher oncle à la condition qu'elle me reviendrait de droit, si tu n'épousais mademoiselle Prudence Verbois avant ta trente-quatrième année? Encore douze mois de fidélité à la promesse que tu m'avais faite de rester garçon toute la vie, et moi, ton cousin et ami, ne possédant en ce jour qu'un simple et médiocre revenu de cinq mille francs, je me voyais à la tête d'une fortune équivalente à celle dont tu jouis en ce moment. Mais, non! dans ce siècle, il n'est plus d'amis véritables, de parens compatissans, tout n'est qu'égoïsme, perfidie! les droits du sang sont méconnus, sont...

— Ah ça! Brichard, as-tu bientôt fini tes lamentations? dit M. Gabriel Desroches en interrompant son cher cousin, personnage d'un visage original, à la chevelure d'un blond fade au corps petit et fluet, et de plus, pourvu d'une trentaine d'années. Tu n'es pas juste, mon cher Narcisse, et te plaints à tort; ne t'ai-je point promis de te céder, même en me mariant, la moitié de la succession que notre oncle m'a laissée tout entière, parce qu'il existait depuis fort long-temps, une désunion entre ton père et lui. Or donc, loin de te plaindre de ma conduite à ton égard, il semble au contraire, que tu devrais me remercier et me savoir gré de te céder bénévolement, une bonne quinzaine de mille francs de rente.

— D'accord, reprend Narcisse Brichard, ce procédé est superbe, mais je ne puis m'empêcher de dire, que sans cette belle fantaisie, qui te prit il y a trois ans, d'adopter certaine petite malheureuse, espèce d'enfant perdu, qu'aujourd'hui tu ne serais pas sur le point de partir pour Abbeville, afin d'y aller épouser mademoiselle Prudence Verbois, et légitimer, par cette obéissance aux désirs du cher oncle défunt, la possession d'une fortune que tu comptes partager entre ta protégée et moi, car enfin ! cette petite fille t'est absolument étrangère, et pour elle, pour satisfaire un caprice, faire ce que tu appelles une bonne action : te voilà à la veille d'enchaîner ta douce liberté, de détourner de ta famille, moitié d'un immense héritage pour en gratifier une inconnue au détriment du plus aimable individu de ta famille.

— Il y a du vrai dans tout ce que tu viens de débiter là, cependant je t'avouerai que ce n'est pas positivement pour te faire riche et enrichir Juliette, qu'en ce jour je me décide à me marier, mais bien comme tu dis parce que j'ai trente-trois ans accomplis, que je suis las du célibat, et qu'entendant sans cesse vanter les vertus et la beauté de mademoiselle Verbois, je crois enfin, avoir rencontré dans elle, la femme que mon cœur désire depuis long-temps et que jusqu'ici il a cherché vainement.

— Oh ! c'est égal, mon cher Gabriel, tu fais une sottise !

— Pourquoi donc, s'il vous plaît ?

— A dam ! parce que ce caractère paisible, réfléchi, cette vie toute de philosophe que tu t'es imposée, pourrait fort bien ne pas convenir à une femme; par exemple, tu détestes le monde, les plaisirs bruyans ; alors que deviendras-tu si tu prends une épouse avide de bals, de spectacles, de promenades ? tu aimes en sus, dissiper ton revenu à ta fantaisie, faire de nombreuses aumônes, jeter ton argent par la tête d'une foule de malheureux, qui te grugent, te dissèquent tout vivant, superbement agir ! Mais ta douce moitié sera-t-elle de ton avis et aussi magnifique que toi ? oh, décidément ! crois-moi, Desroches, reste garçon, mon ami, reste garçon.

— Merci de l'intérêt que tu attaches à mon bonheur, mon cher Brichard, répond Desroches en souriant, mais je compte faire un heureux choix dans celle à qui je veux donner mon nom.

— Hem! un bon choix, c'est diablement croustilleux, et souvent qui choisit prend pire; qui mieux que moi, peut l'affirmer? Voilà vingt ans que je cherche une femme fidèle, qui consente à m'aimer pour moi, entièrement pour moi, mais bah! je n'ai jamais rencontré que des cœurs intéressés, des coquettes, enfin des femmes sans délicatesse ni fortune et toutes envieuses de mes cinq mille francs de rente.

— Je comprends, des grisettes, de ces maîtresses que tu rencontrais à Tivoli, au Ranelach et autres bals champêtres où ton goût prononcé, pour le beau sexe endimanché, t'attirait tout un été entier. Mais, assez causé comme cela, nous oublions qu'à huit heures nous montons dans la diligence d'Abbeville où par amitié et distraction, tu consens à m'accompagner, il en est bientôt sept, je crois que nous ne ferions pas mal d'envoyer Germain, mon vieux domestique, chercher une voiture et de nous mettre en route ?

— Volontiers, répond Brichard, car j'ai hâte de rouler sur la grand'route; j'adore voyager, moi, et surtout en diligence, bien pressé entre deux femmes, surtout, lorsqu'elles sont jolies, oh! ce polisson de sentiment va si vite en voiture !

Un instant plus tard le vieux domestique de Desroches, venait annoncer qu'un fiacre attendait ces messieurs à la porte.

—Adieu, mon bon Germain, soigne-toi bien dans mon absence, et surtout, ne te fatigue pas trop mon vieux serviteur, et s'il est vrai, que je doive prendre femme en voyage, eh bien ! je t'écrirai, afin que tu viennes partager les plaisirs de la noce ; Germain, je t'en prie, n'oublie pas ma recommandation, d'aller à Passy, savoir des nouvelles de notre petite Juliette, et surtout de m'en envoyer le plus souvent possible.

—Hem ! sa Juliette ! une mendiante ! murmure Brichard entre ses dents. Germain, promet de suivre exactement les ordres de son maître qui, en le quittant, lui serre affectueusement la main, et la voiture se met en marche vers la rue Notre-Dame-des-Victoires et la cour des diligences royales, où quelques instans après elle s'arrêta en face le bureau d'Abbeville. Il était nuit alors, et tandis que les facteurs de la messagerie, achevaient de charger l'impériale de la diligence, des malles et effets, que le postillon attelait les chevaux, Brichard qui s'était éloigné un instant de Desroches, tournait autour d'un groupe de femmes essayant de s'assurer, si parmi, il en était de jolies.

— En voiture ! s'écrie le conducteur, sa feuille de route en main et ouvrant d'abord la portière du coupé, n° 1 et n° 2 mesdemoiselles Brindillon.

Nous sommes montées, conducteur, s'écrie une femme en capotte, avançant sa tête à la portière.

— Bien ! je n'avais pas aperçu celle-là, se dit Brichard, que cette découverte récompense du déplaisir qu'il vient d'éprouver, en voyant monter dans la rotonde, une jeune et jolie fille qu'il eu de tout son cœur, désiré pour voisine et à qui le céladon avait lancé plusieurs œillades expresives.

— MM. Desroches et Brichard !

— Présens ! répond ce dernier qui, rendant grâce à son numéro, se trouve bientôt assis entre les deux demoiselles et en face son cousin.

— Madame veuve Fouillon!

— Voilà! voilà, s'écrie une vieille douairière, portant un écureuil dans une cage, et grimpant lentement le marche-pied.

— Javotte, Javotte, imbécile! que faites-vous donc? Vous emportez ma dulcifiante: étourdie. A ces mots, une servante se rapproche de la portière, et remet à la vieille la boîte d'une seringue avec laquelle elle s'en retournait par mégarde.

— Pardon, messieurs et mesdames, mais ce petit meuble indispensable en voyage, n'est nullement incommode, au contraire, il nous servira de marche-pied.

Enfin, pour dernier voyageur et compléter le coupé, un gros personnage qui se croyant en retard, arrive tout essoufflé, se précipite dans la boîte, écrase les pieds à chacun et se laisse tomber comme une masse sur la banquette, où il aplatit plus de moitié la cage de l'écureuil que madame Fouillon venait d'y déposer, le temps de s'arranger convenablement dans un coin.

— Monsieur, vous venez d'écraser ma bête!! s'écrie la vieille d'un ton lamentable.

— Dites plutôt, madame, que je viens de me blesser d'une manière horrible! quelle diable d'invention aussi, d'emmener des animaux en voyage?

— Chacun est libre, j'espère, et... Le fouet se fait entendre, la voiture roule et le bruit de ses roues, couvre la voix. En cet instant, la diligence longe la rue Montmartre pour gagner les boulevarts jusqu'à la Porte-Denis, l'obscurité de l'intérieur est donc de temps à autre dissipée par les lumières des boutiques. Empressés de profiter de ces rayons passagers afin d'apercevoir et connaître les figures de ses voisines de droite et de gauche, Brichard, qui de grand' cœur envoie au diable les capottes dont elles sont affublées, sous prétexte de jeter un coup-d'œil dans la rue, se penche tant qu'il peut vers une des portières.

— Mais, monsieur, vous m'étouffez, dit une des deux dames en le repoussant avec la main, et lui montrant enfin un visage aussi vieux que décrépit.

— Ah! pardon, madame, c'est que je croyais voir passer un de mes amis. Et cela dit, le curieux désapointé s'empresse de se redresser à sa place, non sans avoir provoqué le sourire de Desroches.

— Je suis volé de ce côté, pense tout bas Brichard ; c'est la mère, sans doute. Oh! mais, pour ici, c'est jeune et jolie, je le parierai, rien qu'au doux frôlement de cette cuisse, à la fermeté de cette chair.

— As-tu assez de place, Fanny? demande la vieille de gauche à sa compagne.

— Oui, ma tante.

— Fanny! quel joli nom, qu'il est gracieux, impossible d'être laide lorsqu'on s'appelle Fanny, puis cette voix! cette voix !.....
Cela dit, Brichard affecte de heurter doucement son genoux contre celui de mademoiselle Fanny, d'égarer sa main et de frôler celle de la jeune inconnue qui ne paraît pas trop s'effaroucher de ce manège affecté.

On roule en ce moment sur la route de Saint-Denis, l'obscurité est dès plus complètes, et c'est alors que madame veuve Fouillon, sentant dans ses mains, expirer son écureuil, s'empresse d'appeler à grands cris le conducteur, afin qu'il apporte de la lumière; mais ce dernier refuse en annonçant qu'on n'est guère à plus de cinq minutes de chemin de Saint-Denis, et de la première halte. Arrivé au milieu de cette ville où s'élève majestueusement le charnier royal, des femmes viennent, selon l'usage, offrir à nos voyageurs, certains gâteaux appelés *talmouses*. Brichard, jaloux de profiter de l'occasion, s'empare d'une corbeille de ces mêmes gâteaux qu'il présente galamment aux deux dames, en les priant à en accepter, ce qui se fait sans trop de difficultés ; mais en voulant payer, le galant chevalier laisse exprès tomber quelques pièces de monnaie, afin d'avoir occasion de demander une lumière qui lui permette d'entrevoir les traits d'une femme qui, depuis leur départ de Paris, semble se complaire à ses agaceries et à ses tendres pressions. La ruse a réussi, il a vu, oh ! bonheur ! elle est jeune, jolie même, sans cependant être d'une beauté régulière, qu'importe ! elle vaut cent fois la peine d'être courtisée, adorée, et Brichard ivre de désirs et d'amour, ne céderait en ce moment sa place ni sa part de la nuit qui va s'écouler, pour tous les trésors de la Casauba. On entre dans Luzarche, la nuit est fort avancée, que se passe-t-il dans la diligence? Le gros monsieur ronfle comme un taureau, malgré le grognement continuel de madame Fouillon, qui sans cesse, repousse avec effroi l'assassin de son écureuil décédé à Saint-Denis, lequel scélérat assomme encore la chère dame, du poids énorme de son corps et de fréquens et de violens coups de tête. Une espèce d'escogriffe, marchand de bestiaux, d'après son dire, la figure entièrement couverte d'un bonnet de conton, laisse en dormant et à chaque secousse de la voiture, aller et venir sa tête en avant, et semble par ce manège dire oui, oui, à sa voisine de face, que les mêmes circonstances forcent en sens contraire de répondre non, non. Desroches, silencieux et tapi dans un coin, cherche à fixer un sommeil qui fuit de sa paupière, et la jambe gauche sans cesse heurtée et froissée par un corps dur que la demoiselle de face tient entre les siennes, maudit la voiture publique, en regrettant d'avoir cédé au désir de Brichard qui la préfère à une bonne chaise de poste.

— O jour! arrête ton flambeau, garde-toi par ta vive lumière, de venir effaroucher la pudeur de mon amante, et d'amener entre nous la gêne et la contrainte, disait Brichard tout en feu, pressant amoureusement une taille légère, et inondant de baisers une chevelure, un front, une joue même qu'on abandonne à ses brûlantes et ambitieuses caresses, mais l'entreprenant séducteur voulant aller plus loin et cueillir sur les lèvres, des baisers que jusqu'ici on lui a laissé prendre tout bas, éprouve une légère résistance.

— Vous êtes trop exigeant, monsieur, soyez donc sage! dit à voix basse la jeune femme; puis, sur le même diapason, s'engage un long et mutuel entretien, afin de s'apprendre qui on est, où l'on va, enfin, ce qu'on doit présumer ou espérer.

— Ah! monsieur est garçon? Je suis demoiselle, moi, monsieur, et habite ordinairement Abbeville.

— O bonheur! c'est justement là, où nous nous rendons, daignerez-vous, charmante femme, permettre au plus zélé adorateur de vos charmes divins, d'aller vous présenter ses hommages?

— Volontiers, monsieur, ma tante chez laquelle je demeure, n'y trouvera nullement à redire, du moment que vos intentions seront pures et honnêtes.

— Tout ce qu'il y de plus pur, divine amie!

— Taisez-vous donc, vous allez réveiller ma tante. Ah! si elle m'entendait causer avec un inconnu, je serai perdue, car elle est à cheval sur les mœurs et la bienséance, ma tante.

En causant ainsi, marchaient les tendres pressions de mains, les douces agaceries et même.....

— Ah! finissez, c'est mal ce que vous venez d'oser, monsieur.

— Pardon, pardon divine amie.

— Vout êtes un mauvais sujet bien dangereux, reprend mademoiselle Fanny, laissant tomber negligeamment sa main sur la main de Brichard, que cette inadvertence, peut-être fort innocente, met tout en feu.

— Monsieur, pense-t-il à se marier bientôt?

— Le plus tôt possible, belle amie.

— C'est une bien belle institution que le mariage.

— Adorable! répond Brichard, dont les mains ne peuvent demeurer inactives.

— Monsieur, a sans doute déjà fait choix d'une épouse?

— Hum ! pas positivement, je désire tant connaître celle à qui j'unirai mon sort.

— Allons ! petit volcan, soyez donc moins scélérat, je crois que voilà cette dame Fouillon qui s'éveille, si elle vous voyait en cette position !

En ce moment, une forte secousse qu'éprouva la voiture, arracha tous les dormeurs au sommeil ; alors, s'entama une conversation presque générale, presque nous dirons, parce que Desroches feignant encore de dormir, se dispensa seul d'en prendre part.

— Ah ! sapristie, que l'on dort mal dans cette voiture ! commença le gros homme, en s'éveillant.

— Parbleu, monsieur, vous, moins que tout autre, devrait s'en plaindre, car Dieu sait ! que vous n'avez fait qu'un somme depuis Saint-Denis.

Et de plus, de me briser l'épaule en m'assommant du poids de votre tête, répond aigrement madame Fouillon. — Bah! comment j'ai dormi comme ça? c'est singulier.

— Fanny, es-tu bien lasse, as-tu dormi un peu?

— Je n'ai fait qu'un somme, ma tante.

— Moi de même, dit Brichard, à son tour. Et Desroches, de contenir avec force l'éclat de rire prêt à lui échapper.

— Avons-je passé Beaumont? demande le marchand de bestiaux, allongeant son grand nez à la portière, dont il vient de descendre la glace.

— Monsieur, l'air de la nuit est dangereux, fermez donc cette portière, fait entendre madame Fouillon.

— Cependant, on étouffe ici, dit la tante.

— J'en suis désolé, madame, mais je n'ai pas envie d'attraper du mal pour votre bon plaisir.

— Madame a raison, l'air est utile ici, fait entendre Brichard, jaloux d'appuyer la tante.

— Sainte Vierge ! qu'une femme est à plaindre lorsqu'elle voyage seule ! s'écrie la vieille, d'un ton lamentable ; mais monsieur, ôtez donc vos pieds, vous écrasez la boîte de ma dulcifiante, ajoute-t-elle en parlant au gros homme; en vérité, vous avez jurez de tout me détériorer dans le cours de ce malheureux voyage? Seigneur ! que je remercie donc le ciel de ne point avoir emmené Brichet, mon petit chien !

L'entretien perdant enfin de son aigreur, s'étendit sur divers sujets, et profitant toujours de l'obscurité, Brichard, plus enflammé que jamais, continua de donner à mademoiselle Fanny, des preuves non équivoques de sa passion. Adieu tendres manèges, caresses amoureuses, doux larcins ; car le jour paraît enfin, et par sa présence, fait envoler l'amour et l'intimité; alors, tous ces visages, la plupart inconnues aux uns et aux autres, se regardent, s'étudient, se critiquent ou s'approuvent.

Brichard, l'heureux Brichard, peut enfin contempler à son aise les traits enchanteurs de Fanny, ses beaux yeux que certaines particularités de la nuit contraignent la demoiselle à tenir baissés.

— Hum ! je la croyais plus jolie, plus jeune et plus fraîche, se dit Brichard un peu désapointé, c'est égal, comme passade, elle en vaut encore la peine.

La voiture vient d'entrer dans la ville d'Amiens et de s'arrêter devant la porte d'une hôtel-lerie, le conducteur accorde une demi-heure pour le déjeuner. La diligence se vide, il ne reste plus à descendre que mademoiselle Fanny que sa tante attend complaisamment à la portière, accompagnée du galant Brichard, envieux de servir de cavalcadour à la demoiselle.

— Laissez, monsieur, je saurai bien aider ma nièce à descendre.

— Dutout, madame, veuillez me permettre d'offrir la main à votre jeune parente, et Brichard en disant, avance le bras vers la nièce qui ne finit pas de sortir du coffre où elle paraît être clouée ; enfin, la voilà qui se lève, et s'avance vers la portière.

— Prenez garde, monsieur, ma nièce est infirme et descend avec difficulté.

— Infirme ! s'écrie Brichard.

En effet, la pauvre fille n'a plus qu'une jambe une autre en bois remplace celle qu'un funeste accident força de lui couper au milieu de la cuisse. Brichard a réculer de surprise, et de plus, retiré la main qu'il présentait à la demoiselle, dont en ce moment, le front se couvre d'une vive rougeur et les yeux d'un voile de tristesse. Mais Desroches est là, qui depuis long-temps a découvert l'infirmité de mademoiselle Fanny; alors voyant le changement impoli, barbare même, opéré subitement dans les manières de Brichard, Desroches donc, s'empresse d'accourir près de la pauvre fille et de lui prêter son bras pour descendre le marche-pied.

— C'est indigne de ta part, humilier ainsi les gens! ne pouvais-tu, au moins, continuer à être poli tout en cessant d'être amoureux?

— C'est juste, mon cher ami, mais la surprise, la douleur avaient paralysé mes sens, toutes mes facultés, tant morales que physiques.

— Tais-toi! tu es un infâme, humilier ainsi cette infortunée!

— Diable! aussi, que veux-tu qu'on fasse d'une femme qui n'a qu'une jambe?

— La plaindre, et s'empresser encore plus auprès d'elle, et puisque par son infirmité, elle cessait d'être digne de ton hommage, il fallait feindre de ne point t'en apercevoir et continuer à être galant avec elle jusqu'à notre prochaine séparation.

— Impossible, cousin.

— Pourquoi cela?

— Parce que le plus joli minois me force en ce moment, jusqu'à la fin du voyage, à quitter l'intérieur de la diligence pour aller occuper une place dans la rotonde.

— Extravagant! Quand donc cesseras-tu cette manie de chercher à courtiser toutes les femmes?

— Lorsque la parque aura tranché le fil de ma vie, cher cousin, jusque-là chaque jour de mon existence sera consacré au plus aimable des sexes.

— Fou! fit Desroches en haussant les épaules et sortant de l'hôtellerie où venaient de se dire ces choses. Brichard ne perd pas un instant et se met aussitôt en quête de la jeune fille de la rotonde, qu'il rencontre à la cuisine occupée à prendre un bouillon ; le papillon voltige aussitôt autour d'elle, se rengorge, fredonne et entendant le conducteur donner le signal du départ, offre sa main à la jeune fille qui, partant d'un éclat de rire, se sauve vers la voiture sans daigner le remercier, ni l'attendre.

C'est égal ! je saurai bien l'apprivoiser, se dit Brichard en courant sur ses traces.

Un instant après, le petit joconde prenait place entre la rieuse fillette et une des trois nourrices qui garnissaient la rotonde. A la vue des trois marmots en maillot, Brichard ne put retenir une affreuse grimace. — Enfin, n'importe ! la petite est jolie comme un ange, il y a compensation.

— Pourquoi donc avez-vous changé de place, monsieur, vous étiez, je crois, dans l'intérieur?

— Comme vous dites, charmante jouvencelle.

— Tiens! comment donc m'appelez-vous? reprend la jeune fille en riant aux éclats.

— Jouvencelle, mon adorable.

— Je m'appelle Annette, monsieur, entendez-vous, et non jouvencelle adorable.

— Alors, belle Annette, recevez mes excuses.

— Oh! il n'y a pas grand mal; mais voyez-vous, je n'aime pas les sobriquets.

— Il y a erreur de votre part, ma toute belle, car... mon Dieu, nourrice, est-ce qu'il n'y aurait pas moyen d'apaiser les cris de votre enfant?

— Dodo, dodo, dodinette!

— C'est beaucoup moins étourdissant, mais n'est guère plus amusant, nourrice.

—Dam! monsieur, fallait rester ousque vous étiez d'abord.

— Hum! enfin, c'est égal!

Alors, accablant la jeune fille de complimens, de cent questions, Brichard apprend qu'elle habite près Abbeville et qu'elle retourne chez ses parens, après avoir fait à Paris un apprentissage de raccommodeuse de dentelle, qu'elle compte exercer dans son pays.

— Où nous espérons, sans nul doute, prendre un bon mari, n'est-il pas vrai, jolie Annette?

— Dam! ça se pourrait tout de même, mais cela ne presse pas.

— Belle Annette, je suis enchanté d'avoir fait votre connaissance, car comptant faire un long séjour à Abbeville, et ayant dans mes effets une foule de manchettes et jabots de tulle en mauvais état, je souhaite confier la réparation de ces objets à ces deux jolies petites menottes si blanches, en disant, Brichard cherchait à s'emparer d'une des mains dont il ventait la perfection, mais que mademoiselle Annette se hâta de cacher sous son tablier.

— Nourrice, votre enfant jette une odeur infecte, s'écrie de nouveau Brichard, en atteignant un flacon de son gousset et le plaçant sous son nez.

— Ah dam ! voyez-vous, c'est que ça ne demande pas la permission, cet tiaux moutard-là, mais j'allons voir. Puis cela disant, la villageoise, au grand déplaisir de Brichard se mit à démailloter son marmot.

— C'est abominable ! il n'y a plus moyen de tenir ici ; nourrice, vous seriez, ma mie, infiniment plus à votre aise sur l'impériale.

— Bah ! il est bon là, le monsieur ; j'avons payé pour la rotonde et j'y restons, libre à vous, monsieur le muscadin, de grimper sur la voiture si ça vous convenons.

Brichard envoie les nourrices au diable, et tenant infiniment à cette place que la jeune fille refuse de quitter avec lui, fait une furieuse consommation d'eau de cologne, dont il inonde Annette et lui.

Tout en trouvant Brichard trop mûr pour son cœur de dix-sept ans, la jeune fille ne laisse pas d'écouter avec un certain orgueil, une secrète joie, les doux propos qu'il ne cesse de lui débiter et auxquels elle ne répond que par un malin sourire.

— Dieu! si j'étais seul avec elle! pense l'amoureux Brichard.

N'importe, partie remise, puisqu'il connaît sa demeure et se propose de la visiter souvent. Franchement, le pauvre garçon aura bien mérité un léger dédommagement des tribulations que vient de lui faire endurer la société non inodore des trois marmots.

Abbeville! Le voyage est donc terminé, la

voiture se vide, chacun réclame ses malles, ses paquets : Brichard n'a point laissé échapper la jeune fille sans lui avoir glissé, dans l'oreille, un à demain très expressif, et serré la main en accompagnant ce geste d'un tendre et profond soupir.

— Le diable soit de ce Desroches! ne le voilà-t-il pas encore occupé à faire descendre la jambe de bois. Cela dit, Brichard un peu honteux de sa conduite, et craignant de rencontrer les regards de mademoiselle Fanny, s'empresse de mettre la voiture entre elle et lui; mais il était dit qu'il ne pourrait éviter la chose, car, se rendant au bureau des voyageurs; la tante et la nièce viennent se jeter dans lui avant qu'il ait eu le temps de les éviter. Brichard s'exécutant alors de bonne grâce, adresse un respectueux salut aux deux dames et s'informe près d'elles des fatigues du voyage; mais, Fanny, le visage écarlate, lance au volage, un regard dédaigneux, puis entraîne sa tante sans lui laisser le temps de répondre au petit homme.

— La poulette en tenait furieusement, et paraît diablement piqué! se dit Brichard en pirouettant et courant rejoindre Desroches. Alors, les deux voyageurs après avoir fait charger leurs effets, se font conduire à la meilleure auberge de la ville.

III.

LA FAMILLE VERBOIS.

Desroches et Brichard ont pris un appartement en commun, le plus riche de l'hôtel, il est vaste, meublé dans le goût de la province, c'est-à-dire avec une profusion de vieilleries qu'on est tout étonné de retrouver encore de ce monde, tel que des tapisseries du moyen-âge, des fauteuils de même étoffe, garnis de clouds dorés, des rideaux et draperies de lit, en serge et toile peintes, représentant à satiété, les aventures de Télémaque. Le salon a trois fenêtres sur la rue, puis un superbe balcon où, en ce moment après avoir dormi une couple d'heures, les deux amis respirent le frais d'une belle soirée.

— Oh! vie patriarcale! fait entendre Brichard, vois mon cher Desroches, à peine neuf heures, et déjà le couvre-feu semble avoir sonné pour ces paisibles habitans, ici, point de ces plaisirs bruyans de la capitale, qui échauffent, brûlent le sang; mais des mœurs pures, des familles unies, partout l'aisance, la bonne foi, une existence exempte des tourmens de l'envie; chacun, satisfait d'une modeste fortune y passe ses jours dans un doux repos, entouré d'amis véritables.

— Heureux quinze jours au plus, l'être qui ainsi que toi, s'illusionne de prime abord, sur les vertus de ces bons provinciaux, heureux quinze jours, te dis-je, s'il est assez crédule pour ajouter foi à cette fausse bonhomie, que chaque société de la petite ville s'empressera d'abord de lui témoigner.

Il croira avoir rencontré une existence toute d'amitié et de joie, et sans se douter que la curiosité a fait seule les frais de toutes ces politesses, véritable feu de paille qui s'éteint avec le charme de la nouveauté, il rentrera dans les choses ordinaires et l'on ne s'occupera plus de lui, que pour en médire.

Ensuite, comment vivre heureux et libre dans ses sociétés toutes imprégnées d'une si forte teinte aristocratique, attachant plus d'importance à la position d'un personnage, qu'à lui-même? Dans ces cercles, où chacun se connaît trop, où chacun a sa place et son rang, où le commerçant est forcé de céder le pas au noble inutile, où le commis, invité le plus souvent afin de faire un danseur de plus, ne peut passer devant son chef, sous peine de démission, sans s'incliner chaque fois, avec la plus humble soumission!

—Oh! oh! voilà qui brise le prisme à travers lequel se montait mon imagination, interrompt Brichard.

— Alors, il devient presque inutile de te parler de ces bavardages, de ces coteries, auxquels chaque province est sans cesse livrée, de ce besoin de connaître les affaires d'autrui qui pousse chaque personnage à tenir le regard constamment tendu sur les moindres actions de son voisinage, dans l'espoir de trouver à y mordre, à y exercer sa critique scandaleuse et à lancer souvent à tort ou à travers, de ces coups de langue mortels qui, presque toujours troublent le repos des familles, éveillent les soupçons des maris jaloux, affichent une femme honnête, ou déshonorent une jeune fille.

— Assez, assez, peste! fiez-vous donc à l'eau qui dort, dit Brichard, interrompant Desroches; mais cher ami, je crains que l'ombre de ton tableau ne soit un peu forcée, aussi je me réserve d'en observer attentivement les nuances et à t'en rendre bon compte. Mais laissons cela et disposons-nous à nous présenter chez M. Verbois, ton futur beau-père; je suis curieux de connaître cette famille et de commencer par elle mon examen.

— A demain donc, car ce soir je ne me sens nullement disposé à faire de la toilette; ensuite, il serait impoli, je pense, de se présenter à cette heure? Rappelle-toi, Brichard, que nous ne sommes pas à Paris, où il est du meilleur ton d'aller rendre visite aux gens, à l'heure à laquelle on se couche en province.

— A demain donc, fit Brichard.

Le lendemain, les deux cousins sonnaient à onze heures du matin à la grille d'une charmante maison, demeure de la famille Verbois, et non loin des remparts et du canal. Un domestique introduit les deux visiteurs dans un petit salon, en les priant d'attendre le temps seulement d'aller annoncer leur bien-venue aux maîtres de la maison.

— Charmante demeure, dit Desroches, examinant le jardin à travers une des fenêtres.

— Hum! comme cela, répond Brichard, en remuant la tête.

Diantre! tu es difficile mon cher, car cette propriété annonce plus de goût que je n'en supposais chez des provinciaux. Un gros homme, dont la figure respire la cordialité et la franchise, arrive tout essoufflé, et s'avance vers les deux cousins, le sourire sur les lèvres et leur présentant une main amicale.

—Bonjour, bonjour mes chers enfans, à

ça, qui de vous deux est mon futur gendre? car, quoi qu'ancien ami, nous ne nous connaissons encore que de réputation.

— Vous voyez en moi, Gabriel Desroches, monsieur.

— Ah! ah! tant mieux, j'en suis aise, touchez là, mon gendre, vous vous êtes bien fait attendre et je commençais à me fâcher; mais, vous voilà, tout est oublié, et monsieur? ajoute M. Verbois, en fixant Brichard.

Narcisse Brichard, célibataire, tout à votre service et de plus, cousin issu de germain à M. Gabriel Desroches, votre honoré gendre futur, répond le petit homme en se dressant de son mieux.

— Alors, soyez le bien venu, et regardez ma maison comme la vôtre. A ça, mon épouse et mes deux filles s'habillent en ce moment à grand renfort d'épingles, voulez-vous en attendant ces dames et le déjeuner, venir faire un tour de jardin?

L'offre est accepté, le jardin est superbe, immense, partout des statues, même dans le potager, quel luxe! Un charmant petit bois terminé et fermé par le canal de la Somme; des cygnes au blanc plumage, commensaux de la maison, sillonnent l'onde en tous sens. Depuis une heure, le gros homme promène les deux jeunes gens dans sa propriété.

— Diable! il ne nous fera donc pas grâce d'une salade, murmure Brichard, que l'apétit tourmente et pour qui, à jeun, la nature a peu de charme.

—C'est à ma Prudence, l'aînée de mes filles, à qui je destine cette maison et ses dépendances, dit M. Verbois, aussi je souhaite qu'elle vous convienne.

— Desroches, ne peut souffrir la campagne ni la province, dit Brichard, c'est dommage!

— Qui te charge d'interpréter mes goûts et

ma pensée? répond Desroches, en fixant sur l'indiscret un regard mécontent.

— Serait-ce vrai, mon gendre, ce que dit votre cousin?

— Il extravague, monsieur, son intérêt l'entraîne souvent jusqu'à l'indiscrétion.

— Merci du compliment, répond le petit homme.

On se dirige enfin vers la maison; d'où accourait en ce moment madame Verbois, grosse maman on ne peut mieux accouplée avec son cher époux, la dame paraît joviale et sans façon, et présente tour à tour aux cousins, deux bonnes groses joues à baiser; ses demoiselles la suivent à quelques pas, et viennent saluer nos voyageurs avec grâce et timidité. Elles sont jolies, très jolies même; l'aînée, mademoiselle Prudence, est un peu trop pâle, une teinte de souffrance perce dans ses traits, dans son regard. Victorine, la jeune, paraît vive, rieuse, charmante enfant. L'une a vingt-quatre ans, l'autre vingt. La connaissance est bientôt faite, chacun est à son aise hors Prudence, dont les regards sont sans cesse fixés sur Desroches; la jeune fille semble inquiète, agitée. Rentré dans la maison, on se dirige aussitôt vers la salle à manger, on se met à table, on boit, on mange, on cause. Le papa et la maman ont eu soin de placer Prudence près de Desroches, Victorine, près de Brichard. Prudence, paraît plaire à Desroches; il aime sa pâleur, la mélancolie répandue dans toute la personne de cette jeune fille; il lui parle avec douceur, amabilité; elle sourit, mais si peu! Brichard n'a encore que très peu causé avec Victorine, mais en revanche il a déjà mangé une aile et une cuisse de volaille, le quart d'un pâté de foie gras, une livre de charlotte au pomme, et de plus, promet d'être infiniment aimable après le déjeuner. M. Verbois, ainsi que son épouse, grondent fortement les deux voyageurs, de ne point être descendus chez eux, et les préviennent que désormais ils n'auront pas d'autre domicile. Desroches, fait quelques façons, puis, par trop pressé, finit par accéder aux désirs de ses hôtes ; les domestiques iront donc chercher immédiatement leurs effets à l'hôtellerie.

Le déjeuner est terminé, la famille se disperse; Brichard, offre son bras à Victorine, qui le refuse poliment, sous prétexte d'aller donner quelques ordres. Repoussé, le petit homme s'éloigne de la maison, s'informe du chemin qui conduit au port, on le lui enseigne, il s'y dirige. Desroches, plus heureux, tient en ce moment le bras de Prudence, et tous deux se promènent dans les allées du vaste jardin. La jeune fille est pensive, et d'une voix douce, de cette voix qui porte à l'âme, se contente seulement de répondre aux questions du jeune homme.

— Manquerait-elle d'esprit? se dit Desroches, cependant sa figure en annonce ; et son regard, se fixant sur Prudence, rencontre avec surprise des larmes dans ses yeux.

—Oh ! ciel ! vous pleurez, mademoiselle : hélas ! serait-ce mon arrivée, ma présence qui causeraient le chagrin qu'avec douleur je remarque dans vos traits ?

— Oh non ! non monsieur, répond la jeune fille avec vivacité portant son mouchoir à ses yeux.

— Oui, vous avez quelque peine secrète que vous n'osez avouer surtout à moi, que vous connaissez à peine; mais, si la pensée que me fait naître la présence de vos larmes, était une réalité, si, ennemie du mariage, ou enchaînée par un tendre sentiment, votre cœur me repoussait comme époux, oh ! ne craignez pas, qu'armé de l'autorité, de la promesse d'un père, j'en abuse jamais au point de contraindre votre volonté; libre à vous mademoiselle, de rompre d'un mot, des projets contractés malgré vous, et que votre âme désavouerait. Ne voyez donc en moi qu'un ami et non un homme que des arrangemens de famille vous imposent comme époux.

— Combien je vous sais gré de ces touchantes paroles, monsieur, et qu'elles vous rendent estimable à mes yeux.

— Oui, l'estime d'abord, tel est le premier sentiment que je désire vous inspirer; puis laissons naître entre nous la confiance, et un jour peut-être me permettrez-vous de parler un plus doux langage. Prudence, laissa ces derniers mots sans réponse, mais un soupir s'exhala de son sein et ses yeux se voilèrent de larmes nouvelles. Desroches, surpris autant que peiné d'une douleur dont ses paroles auraient dû, selon lui, apaiser l'amertume, et ne sachant à quoi en attribuer la cause, essaya encore quelques mots consolateurs et s'empressa ensuite, de changer le cours d'une conversation que la jeune fille soutenait à peine, lorsque heureusement, et pour sortir notre jeune homme d'embarras, M. Verbois parut au détour d'une allée.

— Bien! très bien! je suis on ne peut plus ravi de vous rencontrer ensemble, cela promet. A propos, mon gendre, je viens de chez le notaire de feu votre oncle, ce cher Desroches, mon vieil ami, dont je pleure tous les jours la perte; j'ai donc fait part audit notaire de votre arrivée à Abbeville, de votre résignation aux volontés testamentaires du défunt et de votre prochain mariage avec ma fille.

— Vous êtes un homme expéditif, M. Verbois, mais, n'eût-il pas été sage d'abord, d'attendre le consentement de mademoiselle avant de répandre le bruit d'un mariage fort incertain, en ce que nous connaissant à peine nous ignorons encore si nos caractères sympatiseront ensemble.

— Par exemple, il n'y a point le moindre doute que vous vous convenez, cela se voit de suite, de plus, réfléchissez que la volonté du défunt est formelle : Prudence Verbois pour épouse, ou la succession passera de droit à Narcisse Brichard, votre cousin. Or donc, de votre côté, l'appât d'une belle fortune; puis, chez ma fille, le désir de reconnaître les bonnes intentions du défunt à son égard; plus, l'avantage d'avoir pour époux un homme aussi estimable que bien fait; en voilà assez, je pense, pour applanir tous les obstacles que pourrait élever quelques petites difformités de caractères. N'est-il pas vrai, Prudence?..... Voyons, réponds donc? tu restes-là plantée et muette comme la Diane chasseresse de mon parterre.

— De grâce, monsieur, avant de répondre,

laissez à mademoiselle le temps de me connaître, d'interroger son cœur, dit Desroches, voyant l'embarras de la jeune fille.

— Parbleu ! c'est donc bien long tout cela, du premier abord, ne voit-on pas de suite si quelqu'un nous convient, oui ou non.

— Ceci est beaucoup plus difficile que vous ne le pensez, monsieur, surtout chez une jeune personne bien élevée, qui souvent craint de faire un mauvais choix, et avant de se prononcer veut étudier et connaître à fond, celui à qui elle doit unir son cœur et sa main.

— Peste ! que de façon et de temps perdu, lorsque je me décidai à épouser madame Verbois, le matin je me présentai dans sa famille; elle me vit : à midi ma cour était faite; à quatre heures, j'avais reçus l'aveu de sa défaite; à neuf, le premier baiser pudibond de l'amour; je lui fis mes adieux à dix, et je ne la revis plus que quinze jours après, pour la conduire à l'autel : voilà comme j'entendais mener les affaires en ce temps-là.

— Très bien ; mais comme vous dites, ce ne fut qu'à quatre heures de l'après-midi que vous reçûtes l'aveu qui vous assurait le cœur de votre prétendue ; je suis ainsi que vous arrivé du matin, mais il n'est encore qu'une heure, et d'ici à quatre, il en reste encore trois à mademoiselle pour se décider et mener peut-être les choses aussi vite que vous.

— C'est juste, c'est juste, répond en riant M. Verbois. Ah ça, mon gendre, j'ai rassemblé pour ce soir quelques intimes de la maison, afin de former une petite soirée amusante ; ai-je bien fait ?

— Parfaitement, monsieur.

— Le notaire de votre oncle sera des nôtres ; vous serez à même de causer avec lui et d'obtenir tous les renseignemens possibles sur les biens de la succession, qui, dit-on, sont immenses, surtout une fort belle terre, un beau château, le tout situé à quelques lieues d'ici, près Dieppe, et non loin des bords de la mer. Il nous faudra, mon gendre, aller visiter cela ensemble.

— Je suis à vos ordres, monsieur.

Toutes ces choses se dirent en parcourant les avenues du jardin, et comme la conversation semblait devoir se prolonger assez long-temps au sujet des biens de l'héritage, sur lesquels M. Verbois s'étendait avec emphase, Prudence, demanda la permission de se retirer afin d'aller aider sa mère, dans les préparatifs de la soirée.

— Charmante enfant que ma Prudence; mon cher gendre, c'est docile, respectueux, sage, ah dam! comme la sagesse même.

— J'en suis persuadé! répond Desroches au papa, qui avec complaisance regardait sa fille s'éloigner.

— C'est que ma femme et moi voyez-vous, avons élevé nos filles selon le système anglais, c'est-à-dire exemptes de toutes contraintes, de toutes surveillances, maîtresses de leurs actions, de leurs démarches, enfin de véritables demoiselles anglaises, libres dans le célibat, esclaves dans le mariage, aussi feront-elles des épouses accomplies. Croyez-moi, mon cher Desroches, si vous avez des enfans, des filles surtout, élevez-les à mon exemple, libres, elles dédaigneront la liberté, habituées à se trouver seules dans le monde, elles braveront ses dangers, exposées aux galans propos, leurs oreilles si habituent et leurs cœurs se cuirassent contre les séductions; aussi, mes deux filles sont-elles des dragons de vertu, insensibles aux fleurettes des galans, le désespoir de tous les jeunes soupirans du département et des vierges, aussi pures que celles du soleil chez les Incas.

— Je n'oserais en vérité affirmer que ce mode d'éducation soit sans quelques dangers en notre pays, monsieur. En Angleterre, le sang-froid de ses habitans a pu faire admettre dans la société un usage, dont les lois cependant ont voulu prévenir les abus par des peines, des amendes sévères; mais en France, où les passions, la coquetterie devancent quelquefois chez les femmes l'âge d'aimer et de plaire, un tel système est fort imprudent, et je me garderai fort de l'appliquer à ma famille.

— Ainsi donc, vous me blâmez de l'avoir adopté?

— Oui, tout en vous félicitant de ne point en avoir été la dupe, car, la timidité, la modestie de votre demoiselle aînée, cette aimable vivacité, cette candeur, cette innocence naïve, empreintes sur les traits charmans de votre jeune Victorine, tout enfin, annonce en elles des âmes vertueuses, des cœurs droits, une sagesse à toutes épreuves.

— C'est singulier, vous aussi me tenez, mon cher, le langage de chacun; oui, sans ma ferme persuasion, il m'eût fallu céder depuis long-temps à de semblables raisonnemens ; mais j'ai tenu bon et m'en félicite, car comme vous dites fort bien, malgré tout ce que mon système a de vicieux, il ne m'a pas moins servi à former deux créatures parfaites. Oh! vous ne les connaissez encore que très superficiellement ; étudiez, mon cher, et vous jugerez après.

Comme M. Verbois terminait ces mots, Desroches et lui atteignirent le péristile, puis le salon où ils rentrèrent tous deux.

IV.

Mlle ANNETTE, TRIBULATIONS.

Brichard trottait depuis long-temps de toute la vivacité de ses petites jambes. Arrivé sur le port où il jette un coup-d'œil sur quelques navires en charge, il gagne aussitôt le pont, le traverse et s'informe une seconde fois du chemin qui conduit au petit village de Noise, qu'habite mademoiselle Annette, chez qui il galope en ce moment, la tête remplie de projets amoureux et le cœur plein d'espérance.

Encore une demi-lieue à faire; c'est bien long : n'importe, l'amour donne des ailes. Voilà le village; c'est ici qu'elle demeure. Dieu! que ces chaumières sont misérables : quelques pieux, des lattes, de la boue, un toit de chaume. Un coup de pied et tout l'édifice serait renversé.

— Mademoiselle Annette, raccommodeuse de dentelles ?

— Là-bas, la maison ousque vous voyez des canards barboter.

— Merci.

Brichard reprend sa course; il est en nage et rouge comme un coq de bruyère.

Cette chaumière paraît moins misérable que les autres; une vigne en couvre les murs de son riche feuillage; deux fenêtres au rez-de-chaussée : elles sont garnies de pots de fleurs à travers lesquels s'aperçoit la jolie tête d'Annette. La jeune fille chante en travaillant ; elle a levé les yeux et aperçu le petit homme qui s'empresse aussitôt de lui adresser un gracieux salut.

— Entrez, entrez, monsieur, dit-elle, quittant son ouvrage et accourant ouvrir. Comment vous vous êtes rappelé de moi ?

— Dans cent ans, belle Annette, si je vivais encore, votre adorable souvenir serait présent à ma mémoire.

— Asseyez-vous donc, monsieur. Mon père et ma mère sont aux champs, mais ne tarderont pas à rentrer. Voulez-vous vous rafraîchir d'un verre de cidre?

Brichard est gourmet, le cidre n'a rien de

bien séduisant pour son palais délicat; mais peut-on refuser la première politesse d'une belle fille? De plus, le petit homme meurt de soif; la chaleur est si forte, et le pot de cidre est servi par de si jolies mains! Brichard a bu sans grimace; cette boisson lui semble meilleure qu'il ne l'espérait.

— Un second verre?

— Volontiers!

— Un troisième?

— Non, merci.

— Pour trinquer ensemble, monsieur.

— Alors, un quatrième à cette condition.

Le ventre de Brichard est tendu comme la peau d'un tambour.

— Est-ce que monsieur m'apporte l'ouvrage qu'il m'a promis?

— Oui, belle Annette, le voici, dit Brichard, sortant de sa poche plusieurs morceaux de dentelle que le matin il a détachés d'après ses chemises.

— Voyons, dit Annette examinant un jabot ; mais, monsieur, ceci est tout neuf, il n'y a absolument rien à y raccommoder.

— Pardonnez, charmante amie. Et Brichard déchire le jabot en deux.

— Ah! quel enfantillage! s'écrie Annette, essayant d'arrêter, mais trop tard, la main du petit homme. Ah çà, monsieur, ajoute-t-elle, avouez que ce soi-disant ouvrage n'est autre qu'un prétexte pour s'introduire ici?

— Absolument, délicieuse Annette.

— Ah! et quelles sont les intentions de monsieur?

— De vous faire ma cour, de chercher à vous plaire, de vous adorer, belle amie.

— C'est très flatteur pour moi ; mais à quoi bon tout cela, et qu'en résultera-t-il, si je suis assez bonne pour vous écouter?

— Un amour éternel, un charmant réduit

à Paris, ma fortune à vos pieds, enfin une foule d'excellentes choses.

— C'est bien tentant, mais dans tout cela je n'entends nullement parler de mariage.

— Le mariage! ah! fi donc! c'est ma bête noire. Vive un amour indépendant, une liaison que n'enchaînent ni la contrainte ni les lois.

— Oui; mais qui me répondrait de votre constance?

— Votre joli minois, vos grâces séduisantes et l'excès de ma passion.

— Hum! les hommes, dit-on, sont si trompeurs?

— N'avez-vous pas tout ce qu'il faut pour les fixer?

En disant, Brichard qui s'était emparé de la main de la jeune fille, la couvrait de mille et mille baisers. Quoi! avec ses dix-sept ans, ses yeux éveillés et son joli corsage, Annette écouterait-elle sérieusement les cajoleries, les douteuses promesses d'un amoureux de trente ans, parlant toujours d'amour et nullement du mariage? Oh! non, bien certainement.

En ce moment rentre madame Grincheux, mère de la jeune fille. Cette femme est grande, sèche, maigre, et noire comme une taupe. En entrant, elle jette dans un coin un énorme paquet d'herbages qu'elle vient de cueillir aux champs. Son regard sévère se fixe sur Brichard.

— Quoi que demande monsieur?

— Ma mère, monsieur m'apporte de l'ouvrage.

— Ah! hé ben, qui soyons le ben-venu.

Et le front de madame Grincheux se déride.

— Enchanté, madame, de faire votre connaissance.

— Moi, itout, mon garçon... Ah çà! Nanette, as-tu fait rafraîchir monsieur?

— Oui, ma mère.

— Monsieur redouberait ben encore, n'est-ce pas?

— Non, merci, madame Grincheux, je n'ai plus soif.

— Oh! c'est égal, note homme me suivons, et faudra ben que vous fissiez connaissance avec l'y.

— Volontiers, madame Grincheux, je serai enchanté de connaître un brave homme.

— Ah çà! ousque vous demeurez, soit dit sans curiosité?

— En ce moment, à Abbeville, où m'a appelée la succession d'un de mes oncles défunt.

—Bah! comment qui s'appelions vot' onque?

— Desroches.

— Pardienne! je le connaissions ben ce

bon M. Desroches... comme ça, c'est vous qui allions devenir propriétaire de son biau châtiau de Blancourt, à huit lieues d'ici.

— Comme vous dites, madame Grincheux.

— Alors, vous allez être le bourgeois de not' neveu le jardinier du château.

— J'en suis enchanté, madame Grincheux, et puisqu'il est votre neveu, je doublerai ses gages.

— Oh! alors, pisque vous étiez si généreux, j'aimerions autant que vous donnasissiez la place à not' homme.

— Et vous habiteriez Blancourt ?

— Il la faudrions ben.

— La place est à vous, madame Grincheux.

— Alors, j'enverrons dès demain prévenir Gros - Jean not' neveu de faire son paquet.

— Quel quartier habite monsieur à Abbeville? demande Annette.

— Ma foi! ma belle enfant, arrivé d'hier seulement, à peine connais-je la ville, je sais que je demeure chez des amis, la famille Verbois.

— Oh! il y a là deux belles demoiselles...
Monsieur vient sans doute pour en épouser une?

— Pas du tout, belle Annette, mais le digne M. de Verbois étant l'exécuteur testamentaire de mon cher oncle défunt...

— Ah! oui, vous venions cheux lui pour tàter les espèces.

— C'est cela même, madame Grincheux. Mais vous paraissez connaître ces demoiselles Verbois?

— Prudence et Victorine? répond Annette.

— Elles-mêmes... ce sont, sans nul doute, des filles d'une sagesse accomplie?..

— Ah! dame! c'est gentil, mais c'est trop libre et ça faisions jaser de dessus leus compte.

— Bah! vraiment! maman Grincheux? expliquez-moi donc ça; j'ai grand intérêt, voyez-vous, à savoir un peu la conduite de ces jeunes filles.

— Quand je disais, monsieur, que vous étiez un épouseur?

— Du tout, belle Annette, les informations ne sont nullement pour mon compte, mais bien pour celui de mon cher cousin Desroches, un charmant garçon, auquel je m'intéresse fortement, et que je ne voudrais pas que l'on trompât.

— Monsieur, nous ne savons rien, absolument rien, sur le compte de ces demoiselles.

— Oh qu'si! exclame madame Grincheux.

— Non, ma mère, je vous répète que nous ne savons rien.

— Vous êtes discrète, belle Annette.

— De ce que j'ignore; c'est possible, monsieur, mais gardez-vous de me questionner davantage, et je vous promets, dans l'intérêt de votre cousin, de prendre des informations sur ces demoiselles Verbois.

— Je m'en rapporte entièrement à vous, ma charmante.

— Annette, fait donc voir not clos à monsieur, ça l'y fera prendre patience en attendant ton père et que la soupe soyons prête, pas vrai que si je tordons le coup à un pétiau lapin, que vous y ferons tout de même honneur?

— Merci! merci! sans façon, madame Grincheux, je suis attendu pour dîner à Abbeville, je ne puis donc accepter votre offre amicale.

— Certainement, monsieur ne voudrait pas compromettre sa dignité au point de s'asseoir à la table de pauvres gens.

— Ah ! belle Annette, c'est très méchant ce que vous dites là.

— Prouvez-moi donc que j'ai tort de vous juger ainsi, monsieur, en acceptant l'invitation de ma mère.

— C'est la fête à not' homme, il y aura les voisins, les amis, on boira sec et souvent, et je nous amuserons très ben, vous voirez, monsieur.

— Mon Dieu ! désolé, mais...

—Mais monsieur, acceptez, ma mère, c'est convenu. Allons, monsieur, venez maintenant promener avec moi. Cela dit, Annette prend Brichard par le bras et l'entraîne vers le clos situé derrière la maison.

Quoi qu'en dise Annette, Brichard est trop ami de son estomac pour compromettre sa délicatesse et le bourrant de soupe au choux, de lard et de lapin, fi donc ! c'est à la ville qu'il compte retourner satisfaire l'appétit qui commence à le talonner et à faire gémir ses entrailles; oui, mais après la jolie promenade qu'en ce moment il va faire en tête-à-tête avec la jeune fille.

—Le beau pommier, le superbe ombrage! reposons-nous ici, charmante amie... Et tous deux s'asseient côte-à-côte sur le gazon.

— Annette, belle Annette! je meurs d'amour pour vous.

— Lors de mon séjour à Paris, vingt fois, monsieur, on m'a tenu ce langage, et ceux qui parlaient ainsi, n'ont rien obtenu et sont encore bien portans.

—Annette, ces gens là-ne ressentaient pas comme moi, quand j'aime, c'est avec fureur, délire, c'est... diable de cidre, oh! quelle colique!

— Qu'avez vous donc, monsieur, pourquoi vous arrêter? j'écoute.

— Annette, ce n'est pas le tout d'écouter, il

faut répondre, mais avec bonté, tendresse, et ne faire sortir de cette jolie bouche, d'entre ces dents d'émail, que des paroles consolantes, des mots d'amour. Aye! ouf!

— Mais vous souffrez, monsieur, je devine cela dans vos traits.

— Moi? du tout! infernale boisson! Enfin jolie Annette, dis-moi que mes hommages ne seront pas dédaignés, qu'un jour... oh! aye! pardon, divine amie, je suis à vous dans un instant. La peste soit de la colique, dans un tel moment surtout! Ainsi disait Brichard, en courant à travers champs, après avoir quitté brusquement Annette.

— Oh ciel! que va-t-elle penser de moi?.. au milieu d'une déclaration encore! est-il rien de plus ridicule?... voilà qui est capable de la rebuter pour jamais. Et cela dit, avec bien autre chose; le petit homme s'empresse, en reboutonnant sa culotte, de retourner sous le pommier où il a laissé Annette qu'il ne retrouve plus à son retour.

— Horrible boisson, m'avoir privé du plus délicieux tête-à-tête, et je dînerai ici ? oh non ! non ! cela dit, Brichard alors se dirige vers la chaumière, où un grand bruit se faisait entendre.

— Arrivez donc, brave homme, on n'attend plus que vous pour servir la soupe, et faire connaissance le verre à la main.

— A qui ai-je l'honneur de parler ? dit Brichard au paysan qui lui adressait ce langage, et qu'il rencontre sur le seuil de la porte.

— Au père Grincheux parbleu ! répond ce dernier d'un air jovial et appliquant d'amitié sur l'épaule du pauvre garçon une tape à lui démentibuler le bras.

— Enchanté de faire votre connaissance, répond Brichard, accompagnant ces mots d'une affreuse grimace. Et tous deux bras dessus bras dessous, rentrent dans la maisonnette où se trouvaient assemblés en cet instant une douzaine de parens, tant hommes que femmes, déjà rangés autour du couvert, et qui tous se lèvent à l'aspect de Brichard, qu'ils assomment de grosses félicitations et d'interminables et écrasantes poignées de main.

— A table mordienne ! la soupe refroidit ! fait entendre madame Grincheux.

— Placez-vous près de moi, monsieur, dit Annette, tirant Brichard par la manche et lui indiquant une chaise près de la sienne, Brichard étourdi par le brouhaha, les invitations réitérées, et séduit par la jolie place que lui offre la jeune fille, n'ose refuser le dîner, et ne sachant comment se dégager, finit par céder et prendre place à côté d'Annette.

— Comment, est-ce que vous vous appelez, petit compère ?

— Narcisse Brichard.

— Hé ben, boivons un coup, pétiau Brichard.

Là-dessus le père Grincheux verse rasade et contraint Brichard à lui tenir tête. Encore ce maudit cidre, mais le petit homme se résigne en faveur des beaux yeux de la gentille fillette. Ensuite, il n'a rien mangé depuis le matin; il est cinq heures du soir; et, tout en ce moment aiguise son appétit. La nappe quoi de grosse toile, est d'une blancheur éblouissante; les cuillères, les fourchettes sont de fer, mais polies comme de l'acier; au milieu de la table, entre un énorme plat de choux au lard et une fricassée de lapin, figure un superbe pâté de volaille apporté par les convives, à chaque bout de table, une miche de pain de seigle, puis un amas de pots d'étain, tous remplis de vieux cidre, dont la présence annonce que l'action sera chaude. On boit, on mange, on parle, on rit tout à la fois. La franchise s'établit de proche en proche, le cidre circule en abondance, les têtes s'échauffent. Brichard a pris goût à la boisson, grâce à la jolie main qui n'a cessé de remplir son verre. Il dit un mot à l'oreille d'Annette, et tous deux s'éloignent en annonçant leur prochain retour. Quelle misère! quoi dans ce village, pas moyen de se procurer quelques bouteilles de Champagne, quelques friandises en pâtisserie; rien, c'est à la ville qu'il faut aller.

— Eh bien, courez à la ville, hâtez-vous, surtout n'oubliez pas 12 bouteilles de vin de Champagne, des biscuits, des nougats, des meringues; allons! à cheval et leste! une demi-heure après, l'aubergiste chargé par Brichard de ces emplettes friandes, entrait dans la chaumière et à la grande surprise, aux acclamations générales, déposait là tout sur la table du festin. Le bouchon saute en l'air, frappe la solive, puis la pétillante liqueur tombe en flots écumeux dans le verre de chaque convive qui s'empresse de déguster et de revenir aussitôt à la charge. Il se fait un bruit affreux à ne plus s'entendre même, chacun boit, rit, chante, s'agite, caresse la femme de son voisin, et tout cela de cette manière mignarde, en usage aux gens de la campagne; enfin, avec cet accent qui vous brise le timpan, et accompagnement de caresses à assommer un bœuf. Qu'importe ! cette saturnale villageoise, ces hurlemens, cette raison qui s'enfuit de plus en plus, c'est ce que désirait Brichard, aussi, en ce moment enhardi par la liqueur bachique, cherchait-il à attirer Annette sur ses genoux.

— Un instant, M. Narcisse Brichard, vous devenez trop entreprenant, insolent même; quoi, vous osez porter une main hardie sur une gorge adorable, ferme comme roc, blanche comme neige !

Heureusement pour Annette, que la raison ne l'a pas abandonnée, et qu'irritée de votre audace, elle repousse un bras trop téméraire; que s'échappant loin de vous, elle court s'enfermer dans sa chambrette située sur le jardin, et de laquelle des barreaux de fer garantissent la fenêtre de toute invasion de votre part. Mais Brichard tout en trébuchant, a suivi la jeune fille, qui vient de lui fermer sa porte au nez. Envain, il soupire, implore un moment d'entretien, jure une sagesse à toute épreuve. Annette l'écoute, mais, rit tout haut de ses prières et de ses sermens.

—Au moins, belle Annette, accordez à l'amant le plus tendre, quelques momens d'entretien! elle y consent, mais Brichard se rendra dans le jardin, et c'est par la fenêtre, à travers les barreaux qui la garnissent, qu'elle consent à l'entendre. Remplis du doux espoir de renverser tous les obstacles, Brichard accepte les conditions, se hâte de courir au jardin. En effet! la croisée est grillée, de fortes barres de fer, permettent tout au plus de passer la tête à travers la distance qui les sépare; mais où entre la tête, le corps doit, dit-on passer, douce espérance pour l'amant !

Il fait une chaleur étouffante, aussi, soit par besoin ou par coquetterie, Annette a-t-elle dégarni son cou du fichu qui l'enveloppait et duquel l'absence, laisse apercevoir une peau de satin et la naissance de deux charmes arrondis dont la vue seule contribue violemment à mettre le pauvre Brichard encore plus en feu.

— Annette ! je t'adore, et ne puis vivre sans toi, tendre objet de mes amours, brise cette barrière qui sépare mon cœur du tien, permets que ma bouche te couvre de baisers brûlans, cède aux désirs qui m'enflamment, me dévorent, et pour la vie, je veux être pour toi le plus tendre des amans, ma fortune sera la tienne, tes volontés seront ma loi, enfin! jamais femme dans l'univers ne sera plus heureuse, plus adorée que mon Annette!

— Tout cela est bien beau, bien tentateur, monsieur l'enjôleur, mais vous n'offrez toujours que votre cœur et votre argent.

En disant, Annette s'était avancée près de la fenêtre, ses jolies mains tenaient les barreaux et notre amoureux les couvraient de baisers.

— Répondez donc, beau sire, ne me trouvez-vous seulement digne que du titre de votre maîtresse?

— D'abord, ma maîtresse adorée, ma délicieuse Annette, celle que je veux combler des caresses et des dons de l'amour, avec qui je souhaite et prétends partager ma fortune, puis après, émerveillé de ses vertus, de sa constance, de ses soins à qui je veux, accorder enfin, ce titre d'épouse qu'elle aura su si bien mériter.

— Oh serpent ! comme vous cherchez à m'éblouir, à abuser une pauvre fille, dont la faiblesse causerait indubitablement la perte. Non, non, monsieur, le mariage d'abord, ou pas d'Annette, pas d'amour.

— Annette, ouvre-moi, ma douce colombe, nous causerons plus à loisir, tes caresses, la douce chaleur de ton corps divin, les battemens de ton tendre cœur, tout cela vois-tu, doublera le prix de ta personne, de ta délicieuse possession, enivrera mes sens et me rendra docile à toutes les conditions que daignera m'imposer ta bouche enchanteresse.

La jeune fille souriait, répondait nani, et par mégarde appuyait son joli corsage sur la grille de la croisée, Brichard profite de la pose engageante d'Annette, la saisit par le bras et dévore de baisers le visage, le cou, le sein qu'il tient captif sur les barreaux. La jeune fille veut fuir, s'éloigne brusquement de la croisée et entraîne avec elle le bras de l'amoureux qui, cherchant à la retenir passe sa tête entre deux barres de fer, puis la poitrine, puis enfin, se trouve arrêté et pris fortement par le milieu du corps et obligé de lâcher Annette qui se sauve au plus vite et regagne la société sans se douter de la contrainte où elle laisse en ce moment, le plus zélé admirateur de ses charmes. Brichard, ainsi qu'un renard pris au piège, fait d'effroyables efforts afin de s'arracher à son affreuse position, son ventre, gonflé par l'excès de la boisson normande et de la bonne chère, se trouve horriblement comprimé et ressent des coliques atroces, impossible à lui de se dégager sans aide, de la malencontreuse grille où il s'enferre de plus en plus. Comment oser appeler du secours? Que pensera-t-on en le voyant en une pareille position? que faire? que devenir? Un bruit se fait entendre, la porte de la chambre s'ouvre, c'est Annette, qui, inquiétée par l'absence de Brichard vient s'informer de ce qu'il fait au dehors.

— Mon Dieu! à quoi vous amusez-vous donc là?

— Je t'attendais, ma toute belle.

— Quelle folie! Allons, sortez donc de cette grille et venez avec nous, on vous réclame là-dedans.

— Volontiers, mais avant, aide-moi, ma mignonne à sortir de ce maudit piège où m'a enfoncé mon amour pour toi.

— Quoi, n'êtes-vous pas maître de quitter cette position?

— Non, en vérité.

— Seigneur! comment donc faire. Et la jeune fille s'empresse de tirer de toute sa force le galant par les deux bras.

— Aye ! aye ! tu me fais un mal horrible, mignonne !

— Mon Dieu ! comment s'y prendre alors ?

— Je l'ignore moi-même, ma divine.

— Quelle fâcheuse idée vous avez eue là.

Annette s'efforce tout en parlant d'écarter les barreaux de ses faibles mains.

— Ah ! impossible ! Que faire ? que faire ?

— Annette ! je n'en puis plus ! du secours !

La jeune fille effrayée, rentre dans la salle du banquet, trouve tous les convives sous la table, impossible d'en arracher un seul à son ivresse, les femmes ne sont guère en meilleure raison ; alors, courant à une armoire, la jeune fille en sort un lourd marteau, revient près du patient et à coups redoublés s'efforce à desceller un des funestes barreaux. Elle est en nage, les forces lui manquent et l'ouvrage n'est encore qu'à moitié ; Brichard l'encourage, nouvel effort, la barre remue enfin, encore un coup, deux, puis trois et l'amoureux est libre.

— Cela vous apprendra, monsieur, à vouloir retenir les filles de force, dit Annette, faisant asseoir le pauvre garçon dans sa chambrette, et jugeant à sa pâleur, à sa faiblesse, qu'en ce moment il n'est rien moins qu'à craindre. Attendez, je vais vous chercher un verre d'eau sucré, beau séducteur, tâchez, dans mon absence, de ne point faire d'autres sottises. Elle s'éloigne, puis revint aussitôt, et trouve Brichard remis de son émotion.

— Merci ma gentille bergère, dit-il en remettant le verre à la jeune fille, cette eau, toute sucrée qu'elle soit, l'est encore moins que vos jolis baisers, j'en suis persuadé, aussi désirerai-je m'en convaincre.

— Ah! finissez, est-ce ainsi que vous êtes reconnaissant des bontés qu'on a pour vous, vilain ingrat? Allons donc, vous chiffonnez toute ma collerette.

— Annette, ma chère Annette, je donnerai tout ce que je possède et la moitié de ma vie, pour passer avec vous, le restant de la nuit.

— Le titre de mari suffirait seul pour procurer cet avantage, monsieur, mais sans lui, votre vie et vos biens seraient insuffisans.

— Oh! dragon de vertu!

— Ah! laissez-moi M. Brichard et sortons de cette chambre, car, si mon père ou ma mère vous y surprenaient. Mais finissez donc! comment, monsieur, vous éteignez la chandelle?

— On cause fort bien sans lumière, ma chérie.

— Vous, c'est possible, mais moi, non. Et, s'échappant des genoux et des bras de Brichard, Annette enfile la porte de la chambre, puis celle du jardin, et poursuivie par l'amoureux Narcisse, se sauve à travers les arbres du clos. Brichard est sur ses traces, se heurte à droite, à gauche, n'importe ! l'amour le rend insensible à toutes les taloches que lui occasionent les branches d'arbre.

Près d'être atteinte par le galant, la jeune fille fait un demi-tour, revient sur ses pas, se jette dans une petite basse-cour, gagne une grange et se blottit dans le foin. Brichard, l'intrépide Brichard, s'élance sur ses traces, il l'a vu entrer dans la grange, dans un instant elle sera en sa puissance, et de plus, loin de tous témoins importuns. Mais, oh fatalité ! l'infortuné n'a pas remarqué au milieu de la cour, une large et boueuse mare d'eau où encourant il se plonge jusqu'au cou et où il barbote comme un canard. Le clapotement de l'eau fangeuse, avertit Annette de la nouvelle mésaventure ; alors, quittant aussitôt sa cachette, la jeune fille vint une seconde fois au secours du malencontreux amant, lui tend une longue perche qu'il saisit et le ramène au port mouillé de la tête aux pieds et grelottant de tous ses membres.

— Vous voilà dans un bel état, monsieur l'entêté, dit Annette en riant aux éclats.

— Ah! Annette que votre rigueur me cause de tribulations.

— Et votre amour d'embarras, monsieur. Allons, suivez-moi, venez que je vous donne d'autres habits, surtout! pas de bêtise, s'il vous plaît, et gardez-vous de m'approcher. On regagne la maison, où il n'y a plus que le père et la mère Guincheux, les convives ayant été reportés chez eux, par des voisins charitables. Le père d'Annette est complètement ivre et ronfle sur une chaise où sa femme l'a placé; quant à cette dernière, victime de son intempérance, et pourvue d'un violent mal de tête, elle a eu tout juste la force de se traîner jusqu'à son lit, où elle ronfle à l'unisson de son cher époux. Une bourrée jetée dans la cheminée, produit aussitôt un feu clair devant lequel se place le pauvre Brichard, qu'Annette quitte un instant afin d'aller chercher dans la chetive garde-robe de son père, de quoi changer de la tête aux pieds la malheureuse victime de ses charmes.

— Tenez, monsieur, voilà ce que j'ai trouvé de mieux ; d'abord une chemise, un peu grosse, il est vrai, mais très propre ; plus, une paire de bas bleus chinés, un pantalon de nankin de Rouen, une veste de la même étoffe ; et par-dessus tout, une blouse de toile bleu. Allez, séchez-vous, habillez-vous, puis après, faites comme mon père, dormez sur une chaise ; quant à moi, je vais me coucher.

— Quoi ! Annette m'abandonner ainsi ?

— Ne faudrait-il pas par hasad que j'aidasse monsieur à changer de vêtemens?

— Non, mignonne; mais je vais périr d'ennui s'il me faut seul passer la nuit ici.

— Bah! il fera jour dans deux heures, et comme il serait désagréable pour vous, d'être rencontré en costume de paysan, hé bien, vous partirez au premier rayon de l'aurore; de plus, j'aurai encore la bonté de vous prêter notre âne afin que vous ne soyez pas trop fatigué par le chemin.

— Merci, merci, bel ange, mais avant de nous quitter, que ta jolie bouche me dise au moins, je t'aime, Narcisse.

— Par exemple! vous n'êtes point exigeant, c'est le minet; plus tard, monsieur, plus tard, et si vous vous en êtes rendu digne, encore.

— Ah! méchante, fait Brichard essayant de courir après la jeune fille, qui l'esquive et lui ferme sa porte au nez, en lui souhaitant une bonne nuit.

V.

UNE SOIRÉE CHEZ MONSIEUR VERROIS.

Que d'étranges physionomies, pauvres, bâtardes, grotesques, en vérité, il faudrait la matière d'un volume in-8° pour bien dépeindre leur originalité. Ainsi pensait Desroches en voyant aller et venir dans les salons de M. Verbois, une masse de ridicules des deux sexes en bas de soie, en bas chinés, en faux toupets, en perruques, en ailes de pigeons; le tout frisé, bichonné, culotté, bouclé, etc. Ensuite, ces visages où respirent la morgue, l'insolence aristocratique, l'importance bureaucratique et autres sottises et vanités. Ces jeunes gens, tranchant du fashionable et ne ressemblant pas mal à des courteaux de boutiques ; ces jeunes filles, presque toutes jolies ; mais, raides, guindées, riant, chuchotant entre elles, regardant les hommes en dessous et rougissant jusqu'au blanc des yeux, plus par plaisir que par pudeur, lorsque l'un d'eux leur adresse la parole en présence de papa ou maman. Plus loin, au milieu d'un groupe de notables, M. le secrétaire du sous-préfet, la tête haute, le regard protecteur, tranchant et décidant sur tout avec un à-plomb imperturbable, une voix telle enfin, qu'en l'écoutant, Molière aurait pu dire : (*Qu'est-ce que la raison avec un filet de voix près d'une gueule comme celle-là,*) et cet auditoire faisant cercle autour de lui, semblant dire à tous ceux qui parlent un peu trop haut dans le salon, silence et respect, le bras droit de notre sous-préfet daigne parler en ce moment ! Enfin, ces vieux rentiers, ces vénérables douairières groupés pêle-mêle autour d'une table de boston, dont l'attention ne s'écarte du jeu que pour jeter de temps à autre des regards observateurs et critiques, sur divers personnages de la société, dans l'espoir sans doute de trouver matière à exercer le lendemain leurs caquets et médisances dans leurs petites réunions particulières. Puis le notaire, qui, fatigué des longs verbiages de M. le secrétaire de la sous-préfecture, déserte l'auditoire pour venir s'asseoir près de la femme du receveur de l'enregistrement, à qui il donne un rendez-vous particulier pour le lendemain, dans un certain jardin hors de la ville où il existe une grotte délicieuse. Tout cela, tandis que l'épouse du maire, pince en cachette le menton d'un petit surnuméraire à qui elle promet sa protection en faveur de son air innocent et de ses joues rosées, tandis que, M. le juge de paix presse tendrement dans les siennes, la grosse menotte potelée de la chère moitié de son greffier, qui, de son côté, roucoule près de la femme de l'huissier, et lui propose pour le lendemain, une partie d'écarté. Enfin! enfin! enfin! tandis que M. Verbois enchanté d'une si brillante réunion, qui doit donner à son gendre futur, une haute idée de l'importance dont il jouit dans sa province, va, vient, se donne un mal affreux pour que personne ne soit oublié et que chacun s'amuse chez lui, que madame son épouse, passant d'un groupe à l'autre, annonce à chacun le prochain mariage de sa fille aînée, et et indique Desroches comme son gendre futur, en s'étendant longuement sur ses qualités morales et physiques, et plus longuement encore sur sa fortune et ses propriétés : que Victorine, jolie comme les amours, fraîche comme une rose, vive comme une gazelle, voltige dans le salon, agace les uns, sourit aux autres, tourne la tête à tous les jeunes gens de l'endroit et fait hausser les épaules d'indignation ou de jalousie, à toutes les femmes de la société qui prenant de la grâce pour de l'indécence, de l'esprit, de la gaîté, pour de l'effronterie, chuchotent toutes entre elles en criant tout bas, quel mauvais ton a cette petite fille ! Puis Prudence, belle et délicate comme la mère du Christ, parée avec un goût exquis, mais toujours pâle, rêveuse, souriant, mais douloureusement, aux paroles gracieuses que vous, dit un grand dadet en se dandinant sur une jambe. Ce nom de Fouillon, a remis Desroches sur la voie ; oui, c'est la vieille femme de la diligence.

— En effet, je savais connaître madame de vue, mais je ne pouvais me rappeler son nom, j'ai eu l'avantage de voyager avec elle de Paris à Abbeville. La vieille rajuste ses lunettes, lève le nez, fixe Desroches.

— Oui, c'est juste, je vous remets aussi, monsieur ; mais hélas ! votre rencontre, me rappelle de douloureux souvenirs, la mort de mon amour d'écureuil que ce maraut de voyageur écrasa en s'asseyant dans la voiture.

— Pauvre petite bête ! elle mourut à Saint-Denis, je crois?

— Oui, monsieur, oui, et je la pleure encore.

— Madame est d'une sensibilité !...

— Exquise ! monsieur.

chacun se plaît à lui adresser, et pour terminer l'esquisse ; notre observateur Desroches, homme d'un physique agréable, mais sévère, d'une tournure distinguée, lorgné par les femmes, envié des filles à marier, allant d'une place à une autre, ne se fixant à aucune ; aimable et gracieux avec tout le monde, encore plus avec Prudence, et s'informant à chaque instant, si M. Narcisse Brichard dont la longue absence l'inquiète fort, est enfin de retour. Un rentrant à l'écarté ! s'écrie-t-on, et Desroches qui veut faire comme tout le monde ; malgré sa répugnance pour le jeu, se propose et prend place. Sa parténaire est une vieille dame. Desroches a déjà vu cette figure quelque part, mais ne peut se rappeler où.

— Je tiens jusqu'à onze sous, pas plus, monsieur.

— Comme il vous plaira, madame.

— Tante Fouillon, j'en parie cinq pour

— Le roi, madame.

— Il portait si bien sa queue !

— Qui donc, ma tante, le roi ?

— Hé non ! mon neveu, mon écureuil.

— Deux points qui me font cinq, madame.

— Vous avez gagné, monsieur : à un autre. J'en ai assez pour mon compte ; car ce jeu est ruineux : voilà trente-six sous que je perds dans la soirée. Et madame Fouillon quitte la table, s'éloigne même sans avoir mis d'argent au jeu et sans songer le moins du monde, à solder sa perte. Desroches sourit de l'inadvertance de la vieille, quitte lui-même la table et cherche dans la foule s'il ne découvrira pas Brichard.

— Mais qu'est-il donc devenu ? Parti depuis ce matin et ne point être de retour à neuf heures du soir.

— Oh ! il est fort aimable, monsieur, votre cousin.

— Daignez l'excuser, jolie Victorine.

—L'excuser! mon Dieu non, c'est indigne ! à peine arrivé, nous quitter de suite ; mais il connaît donc d'autres personnes que nous à Abbeville ?

— Je ne le pense pas ; aussi, cette longue absence me surprend autant qu'elle m'inquiète.

— C'est juste, alors ; il faut envoyer les gens de la maison à sa recherche, mon Dieu ! lui serait-il arrivé un malheur. Cela dit, Victorine arrête son père au passage, lui communique la crainte que leur inspire l'absence de Brichard et la nécessité d'envoyer du monde à sa recherche...

— Certainement, et de suite encore ! répond M. Verbois, il faut même instruire M. le maire de sa disparition, afin qu'il fasse seconder nos recherches par la police de la ville.

—Bien pensé, papa, mais hâtez-vous.

M. Verbois, attire donc le maire en particulier, lui fait part des inquiétudes que cause l'absence surprenante et prolongée de Brichard.

— Un de vos parens d'égaré, mon cher Verbois, comment, mais cela est très sérieux; de suite je vais commander une enquête, il faut absolument que ce jeune homme se retrouve mort ou vif, n'importe! Grand Dieu! que dirait M. le sous-préfet, s'il apprenait qu'une personne de cette importance soit disparue dans une ville confiée à ma juridiction! Les ordres sont aussitôt expédiés, et une demi-heure après, les tambours battaient le rappel dans les quatre coins de la ville, et publiaient la proclamation suivante :

— De par M. le maire de la ville d'Abbeville, il a été perdu ce jour, un jeune homme récemment arrivé en ces murs ; ledit jeune homme est âgé de trente-cinq ans, d'un physique passable quoique petit et laid, cheveux blonds suspects, d'un caractère jovial, en habit vert, pantalon ailes de papillon, il répond au nom de Narcisse Brichard. Trente francs de récompense à qui le rapportera chez M. Verbois, électeur du grand collège et marguillier de la paroisse, demeurant en cette ville. Et en attendant l'effet de cette proclamation la société de M. Verbois reprit ses amusemens, un instant interrompus par la nouvelle disparition du second cousin dont l'absence privait peut-être un papa et une maman d'un gendre futur et les jeunes filles d'un mari pour l'une d'elles.

Prudence a disparu du salon. Desroches la cherche; où peut-elle être? Il s'informe aux gens de la maison; un prétendu a bien ce droit, je pense?

— La pauvre fille a des chagrins secrets et souvent cherche la solitude; voyons dans les pièces voisines, peut-être l'y rencontrerai-je. Cela dit, Desroches quitte le salon et dans une chambre à coucher où il pénètre sans bruit, surprend le notaire et la femme du receveur de l'enregistrement dans une position fort équivoque.

« Ne dérangeons pas le monde,
« Laissons chacun comme il est. »

Frédonne Desroches se retirant précipitamment. Puis, ouvrant une autre porte, il se trouve dans un joli cabinet éclairé par plusieurs bougies, près d'une petite table est une jeune personne, c'est Prudence, la tête appuyée dans une de ses mains. La jeune fille, au bruit qu'à fait Desroches en entrant, a levé les yeux et quitté sa place brusquement.

— Restez, restez mademoiselle. Oh! pardon, mille fois pardon d'avoir troublé votre solitude! Quoi, des larmes s'échappent encore de votre paupière; toujours en pleurs. Hélas!

quoi donc peut empoisonner ainsi votre jeune existence ?

— Rien ! oh ! rien ! monsieur ; non, je ne pleure pas, je suis heureuse, mais la fatigue de cette soirée de plaisirs avait engourdi mes sens ; rentrons au salon maintenant, car je me sens bien ! très bien ! Ainsi parlait Prudence, hors d'elle, tremblante comme la feuille qu'agite la tempête et s'appuyant fortement sur le bras de Desroches qui s'était emparé du sien en l'intérrogeant avec l'accent du plus doux intérêt. Elle se portait bien, assurait-elle, et cependant, les yeux de l'infortunée se fermaient, la pâleur de son visage augmentait encore et sa bouche se décolorait.

— Qu'avez-vous Prudence, vous faiblissez ?

— De l'air, mon Dieu ! de l'air, j'étouffe, je me meurs ! Desroches fait un mouvement.

—N'appelez pas, au nom du ciel ! n'appelez pas, ouvrez la croisée, et restez près de moi; puis elle tomba inanimée, dans les bras de Desroches. Peiné de la position de la jeune fille, mais fidèle à sa recommandation; le jeune homme reste près d'elle, sort un flacon de sel de son gilet, le fait respirer à Prudence. Mais la pauvre fille est horriblement serrée dans ses vêtemens; comment se permettre de dégrafer cette robe, de rompre ces lacets? Oh ! non, impossible ! et cependant, elle étouffe, son évanouissement continue. Desroches alors prend la jeune fille dans ses bras, la porte près de la fenêtre qu'il vient d'ouvrir. La fraîcheur de l'air la ranime enfin, elle ouvre la paupière.

— Perdue ! perdue ! s'écrie-t-elle d'une voix faible et un ruisseau de larmes s'échappe de ses yeux.

— Perdue ! répète Desroches avec surprise,

puis soutenant sur sa poitrine la tête de Prudence — hélas! quel est donc le secret affreux qui vous torture ainsi ? Ah ! Prudence, que ne suis-je mieux connu de vous, pourquoi ne suis-je point digne encore de votre confiance, qu'il me serait doux alors, d'entendre cette bouche confier les chagrins de votre âme et me demander secours et protection; que je m'estimerais heureux, s'il m'était permis de sécher ces pleurs dont l'aspect me tourmente et m'afflige, de ramener sur ce visage si beau, la fraîcheur de la rose et le sourire sur ces lèvres si bien faites pour l'exprimer.

— A vous! à vous! oser le dire! oh! jamais, vous me mépriseriez trop! ah! ne m'interrogez pas ; gardez-vous de m'aimer, je suis si misérable! Oh! monsieur, plaignez-moi seulement et ne me fuyez point encore, car seule, sans votre protection, il me faudrait mourir, mourir couverte de honte, d'opprobre, du mépris de chacun et maudite par mon père.

— Prudence, votre désespoir vous égare, de grâce revenez à vous, non, vous ne pouvez mériter une telle réprobation. Ah! voyez en moi un frère et l'ami le plus tendre, ouvrez-lui votre cœur, permettez que sur votre blessure il essaie de verser un baume consolateur. Prudence, parlez, parlez! Ah! vous ne répondez pas.

En parlant ainsi, Desroches, un genou en terre, pressait affectueusement les mains de la jeune fille ; elle, immobile, les yeux baissés gardait un morne silence.

— Ah! si je pensais que ma présence en cette maison, que ces projets d'hymen fussent la cause de tant de larmes, d'une douleur si profonde, dès l'instant, pauvre enfant, je fuirais de ces lieux?

— Non! fait d'un signe la jeune fille.

— Mais qu'est-ce donc alors?

— Bientôt, bientôt! mais dans ce moment je n'aurai que la force de mourir, répond enfin Prudence.

— Ah! tels que soient l'heure et l'instant, cher enfant, ma pitié, mes services, mon courage, tout sera pour toi, rien que pour toi.

A ces paroles, la tête de la jeune fille se pencha sur le visage de Desroches et l'inonda de larmes brûlantes, sa main pressa la sienne avec force et sa bouche murmura un doux remercîment. En ce moment, on frappa vivement à la porte, une voix se fit entendre, c'était celle de Victorine, appelant sa sœur qu'elle cherchait dans toute la maison.

—Ouvrez, ouvrez donc, je sais qu'il y a du monde dans ce cabinet, je viens d'y entendre parler.

— La petite folle! s'exprimer si haut, elle est capable d'attirer toute la société à cette porte. Ainsi pense Desroches tandis que Prudence essuie ses larmes et essaie de se composer un visage plus calme.

— Ah! c'est fort heureux, j'ai cru que vous ne m'ouvririez jamais. Oh! oh! un tête-à-tête, déjà? vraiment il y avait sympathie pour mener les choses si bon train.

— Le hasard seul, mademoiselle, m'a fait arriver assez à temps dans cette pièce, pour donner quelques secours à votre sœur qui s'y trouvait incommodée.

— Pauvre sœur! Et pourquoi n'appelais-tu pas ta Victorine à ton secours? Allons, prends mon bras et viens faire quelque tour au jardin, cela te remettra entièrement.

— Merci, ma chère Victorine, mais, je ne me sens pas bien, et préfère me retirer dans ma chambre, M. Desroches; veuillez ainsi que ma sœur, excuser mon absence près de mes parens.

— Veux-tu que je monte avec toi, Prudence, je t'aiderai à te déshabiller?

— Non! non! répond vivement Prudence; retourne au salon, ma bonne Victorine, merci, merci de ton obligence. Et la jeune fille, après avoir salué Desroches, presse la main de sa sœur, s'éloigne aussitôt, et court s'enfermer dans sa chambre dont elle ferme soigneusement la porte.

Seule et libre de pleurer sans témoin, Prudence se place dans un fauteuil, s'abandonne à sa douleur secrette, semble réfléchir long-temps.

— Non, jamais je n'oserai le lui avouer; il y aurait trop de honte... mais que devenir alors! que faire? Oh! mon Dieu, donnez-moi donc la force de tout lui dire, d'implorer son secours, ah! il paraît bon, lui, il pleurait en me voyant pleurer, il s'inquiétait de mes maux, en réclamait l'aveu et cela, pour me plaindre, me protéger, oh! mais s'il est vertueux, que pensera-t-il de moi? en écoutant mon terrible secret, ses yeux sévères en se fixant sur moi glaceront ma langue de crainte et d'effroi! et cependant je fus plus malheureuse que coupable!..... Alors, la pauvre fille sanglotait à faire pitié. Puis tombant à genoux, élevant ses mains avec ferveur vers le Tout-Puissant, elle implora sa clémence et sa miséricorde.

Depuis long-temps elle priait, mais priait, comme celui qui croit sincèrement en Dieu, le front humilié sur la terre, le recueillement dans le cœur et dégagé de toutes idées terrestres.

— Oh! oui, c'est le ciel qui prend pitié de moi, qui m'inspire cette pensée, c'est le seul moyen de tout lui faire connaître sans craindre de mourir de honte à ses yeux. Elle a dit, et placé près d'une table, sa main s'arme d'une plume, elle écrit.

VI.

UNE SUITE DE FATALITÉ.

La nuit qui avait éclairé de son pâle flambeau les tribulations de Brichard, ne s'était point achevée dans sa pureté primitive ; d'énormes nuages noirs refermant dans leurs sinistres flancs la foudre et la tempête, s'étaient accumulés vers les deux heures du matin et avaient déversé sur la terre un déluge d'eau accompagné d'éclairs et de coups de tonnerre à ébranler une cathédrale. Ce vacarme, ayant chassé le sommeil des paupières d'Annette, montra à la jeune fille le premier rayon du jour se glissant dans sa chambrette, alors étant sautée en bas de sa couche, et habillée à la hâte, elle se rendit près de Brichard, qu'elle trouva étendu sur la table et ronflant comme il n'est pas permis de ronfler à un homme comme il faut, et se disant dévoré d'amour. Le petit homme, à l'instar de M. d'Aniers de l'auberge pleine, s'était fait un traversin d'un pot à beurre, un drap de la nappe, une couverture d'un rideau de serge, une table de nuit de deux chaises renversées et d'un verre à boire un éteignoir pour la chandelle. Annette sourit à l'invention, et agitant le bras du petit homme, l'engage à s'éveiller et à décamper au plus vite. Brichard frotte ses yeux, puis regarde de tous côtés, se reconnaît, et débute par un délicieux compliment à la gentille fillette.

— Partez, monsieur, partez, vos beaux habits, loin de sécher dans le jardin, ont reçu tout l'orage et dégouttent l'eau de toutes parts, ainsi donc, vous ne pouvez les remettre, et comme il ne faut pas qu'on vous voie dans Abbeville habillé en véritable villageois, décampez au plus tôt.

— Quoi! jolie Annette, partir sitôt, sans avoir un instant causé avec toi?

— Comment, monsieur, ne voulez-vous donc pas courir mettre un terme à l'inquiétude, qu'a dû faire naître votre absence chez monsieur Verbois?

— C'est juste, très juste, ce que tu m'observes là, ma toute belle ; au fait, je suis sur que Desroches doit être dans une inquiétude affreuse, de plus, je devais hier soir, assister à une fort belle soirée donnée en notre honneur où l'on aura dû être fort étonné de ne me pas voir paraître : oh! Desroches va m'en dire, mais m'en dire !

— Partez donc alors sans plus attendre, vous serez le maître de revenir plus tard si cela vous convient.

Brichard promet de profiter le lendemain de la permission de la jeune fille, qui l'entraîne aussitôt vers l'écurie d'où elle tire l'âne de la maison en engageant Brichard à l'enfourcher, il refuse et préfère s'en retourner à pied ; mais la jeune fille fait observer que la pluie a rendu les chemins impraticables. Brichard cède enfin au conseil, grimpe sur le bourriquet, non sans avoir avant, volé deux baisers à Annette, puis la jeune fille ouvrant la porte charretière, d'un coup de houssine, fait prendre le trot à l'animal, qui s'éloigne sans seulement laisser le temps à son cavalier d'adresser un dernier adieu à la dame de ses pensées.

Déjà Brichard a perdu de vue la chaumière qui renferme ses amours ; l'âne trote à ravir, nul caprice de sa part.

En effet les chemins sont affreux, l'orage de la nuit a transformé la campagne en un vaste marais que Brichard se félicite de pouvoir traverser sans obstacle grâce, à son docile quadrupède. Au même instant où le petit homme s'adressait cette félicitation, et comme il passait devant la porte d'une ferme, un gros chien, malencontreux animal, vient en aboyant sauter autour du bourriquet, l'effrayer et lui faire prendre un galop accompagné de force ruades. Brichard, très mauvais cavalier, voulant contenir l'ardeur de son coursier, tire la bride d'un seul côté et par cette maladresse le contraint à se jeter dans un vaste champ d'avoine dans lequel l'animal se mettant à gambader, envoie son cavalier rouler dans un sillon, d'où Brichard ne se retire qu'avec peine et couvert de boue et encore trempé de la tête aux pieds.

— Maudite aventure! chien d'âne! et se disant, il s'essuyait le visage avec son mouchoir. Puis l'infortuné cherche le bourriquet des yeux et l'aperçoit non loin se vautrant à cœur joie dans la pièce d'avoine. Brichard court vers lui, cherche à s'en emparer; mais le vilain animal se relève, dresse les oreilles, se met à braire et recommence ses gambades; alors se font entendre, à quelques distances, les vociférations de cinq à six paysans, jurant et tempêtant après l'âne qui en cet instant dévaste la pièce d'avoine avec ses caracoles. Tous alors se mettent à la poursuite du bourriquet qui, effrayé, s'enfuit au loin. Outrés de ne pouvoir le joindre, les paysans se tournent contre Brichard, celui-ci, voyant des gens furieux et tous disposés à l'assommer avec les instrumens dont ils sont armés et se trouvant sans moyens de défense, commence à prendre la fuite, mais cerné bientôt de toutes parts, il demande à capituler, et à payer le dégat que les villageois estiment à cinquante francs. C'est bien cher, mais le moyen de marchander avec des hommes furieux et menaçans? La victime forcée de s'exécuter, bon gré mal gré fouille et retourne toutes ses poches sans y trouver un obole, et finit par se rappeler que sa bourse est restée chez Annette avec ses habits mouillés. Comment faire? Engager ces hommes à l'accompagner jusque chez la jeune fille, mais ils refusent, crient, menacent, et comme la ville est beaucoup plus près ils se décident à mener le délinquant devant M. le maire d'Abbeville, afin de s'y entendre condamner à payer ou à aller en prison. Impossible de faire entendre raison à ces manans ; il faut marcher sous peine d'être traîné et éreinté. Brichard se décide donc, et l'oreille basse, la rage dans le cœur, se met en marche vers la ville, où une demi-heure plus tard, mouillé, crotté et méconnaissable ; il faisait son entrée entre quatre gardes du corps. Alors il n'était heureusement que cinq heures du matin. M. le maire dort encore, il faut attendre; Brichard grelottant, transi de froid, propose aux paysans de le conduire chez M. Verbois, que là, il paiera sans plus tarder.

— M. Verbois, dit l'un des paysans, par-dienne c'est lui qui étion le maître de la pièce d'avoine.

— Eh bien! mes enfans, je suis un de ses amis.

— Vous! amis de notre maître, plus souvent!

— Vous êtes donc à son service? demande Brichard.

— Comme vous dites.

—Alors, mes petits agneaux, si dès cet instant vous hésitez à me conduire chez lui, je vous ferais chasser de son service, et cela, aujourd'hui même, reprend Brichard, à qui cette novelle vient de remonter le courage abattu.

— Toi, méchant gringalet! pan! c'est une calotte qu'un des manans furieux d'une menace à laquelle il ne peut ajouter foi, vient d'administrer à Brichard, dont le physique grêle et terreux, le costume misérable, n'inspirent nulles considérations. Brichard se voyant frappé, entre encore plus en fureur et ne se connaît plus, alors il crie, menace et jure de tirer une vengeance éclatante des insultes qu'on lui fait endurer; ce tapage amasse une foule de monde à la porte de la mairie.

— Qu'est-ce donc, qu'a donc fait cet homme?

— C'est un déserteur qu'on vient d'arrêter.

— Non, c'est un voleur qu'on a trouvé caché sous un lit.

— Du tout, c'est un homme ivre.

— Je vous dis que cet un voleur.

— Vous ne savez ce que vous dites.

— C'est vous qui êtes un imbécile.

— Un imbécile, bon pour toi. Pif! paf une calotte, une autre de rendue, puis on se prend aux cheveux, puis Brichard qui tempête de son côté, puis les femmes des combattans criant à tue-tête à la garde! au secours! puis la gendarmerie, le peuple, accourant de toutes parts, puis une femme qui accouche dans la mêlée, une autre qu'on écrase, les cris à l'émeute, vive la république! les autorités que ces cris glacent de frayeur, les portes de la ville qu'on ferme à la hâte, puis l'arrivée d'un des régimens de la garnison, et enfin M. le maire, qui rassuré par ce renfort de quinze cents hommes, se montre de sa fenêtre à la populace assemblée, et qui entame un superbe discours dont les sifflets et les huées empêchent d'entendre un seul mot.

Où sont-ils ces misérables révolutionnaires, ces infâmes républicains ? où ? personne ne le sait, personne ne les a vus. C'est donc une fosse alerte ? Apparemment.

Alors le calme renaît, le régiment regagne sa caserne, la foule se disperse, la femme en couche est portée chez elle, celle qu'on disait écrasée en est quitte pour la peur, et se porte à ravir à ça près de deux doigts fracturés; les combatans auteurs d'un tel vacarme, ont pris la fuite des premiers et M. le maire, remis de son trouble, de son effroi, se rend à la salle d'audience, afin de recevoir la plainte des paysans et d'interroger le délinquant Narcisse Brichard.

Le maire écoute d'abord les villageois, puis ensuite, s'adressant à Brichard, lui demanda, selon l'usage, ses noms, prénoms et domiciles.

— Narcisse Brichard, natif de Paris, âgé de 33 ans, rentier, demeurant à Abbeville chez M. Vérbois.

— Serait-ce possible! s'écrie le maire en sautant de surprise, et assommant son bureau d'un coup de poing; quoi, vous seriez celui dont on tambourine la perte depuis hier?

— J'ignore si l'on me tambourine, mais ce dont je suis certain, c'est d'être Narcisse Brichard.

Sous ce costume, en cet état?... reprend le maire fixant le délinquant avec surprise, jeune homme ne m'en imposez-vous pas?

— Hé non! cent fois non, faites venir M. Verbois, mon cousin Desroches, ils me reconnaîtront eux, me réclameront et satisferont ces cupides paysans, ces véritables bêtes brutes, qui en général, tueraient sans pitié, le malheureux assez mal avisé pour ravir un radis à leurs champs, a moins qu'il ne leur en payât vingt fois la valeur.

— Silence! délinquant, n'insultez pas les plaignans.

Le maire envoya aussitôt prévenir les deux personnages dont se réclamait Brichard, et un quart d'heure après, M. Verbois et Desroches entraient à la mairie.

— Comment, dans cet état malheureux! mais d'où viens-tu? dit Desroches, reconnaissant Brichard et reculant de surprise.

— D'une maison très respectable et infiniment innocente des mauvaises plaisanteries et méfaits de son âne; au surplus je te conterai tout cela, commence, je t'en prie, par me libérer des pates de ces manans.

— Serait-ce eux, qui par hasard, vous auraient arrangé de la sorte? dit à son tour M. Verbois, lançant un regard furieux sur les villageois, qui, tous le chapeau bas devant leur maître, ne savent quelle contenance tenir.

— Pas positivement, mais l'un d'eux m'est responsable d'un certain coup de poing, au surplus, je pardonne tout, pourvu que je sois, à l'instant, maître de me retirer.

M. Verbois réprimande les villageois pour s'être mépris d'une telle façon et avoir trop bien pris les intérêts du maître. M. le maire, pour qui maintenant Brichard est un personnage important, l'invite à monter chez lui afin de s'y délasser et attendre les habits qu'on est allé chercher, ce qu'accepte le pauvre garçon, qui, une heure après, grâce à un bain et à de nouveaux vêtemens, se retrouve avec satisfaction, dans son état naturel.

— Que diable êtes-vous donc devenu depuis hier matin, mon cher ami? demandait M. Verbois à Brichard, après être rentré chez lui et en présence de Desroches et de son épouse.

— La victime de ma passion pour les sites champêtres, répond Brichard.

— Bah! comment cela?

— Amateur de connaître les environs de votre ville, je m'étais élancé en pleine campagne, lorsque, saisi tout à coup d'un violent étourdissement, je tombai inanimé sur la terre, où je restai sans connaissance le reste de la journée et une partie de la nuit.

— Ah! ce pauvre jeune homme! voyez un peu comme le mal vient sans qu'on y pense, interrompt madame Verbois.

— Oh! c'est effrayant! fit l'époux de la dame.

— Ensuite? ensuite?

— Enfin, rappelé à la vie, j'ouvrais la paupière... un déluge d'eau fondait sur moi en ce moment, et je nageais dans un torrent, à la lueur des éclairs et au bruit du tonnerre...

— Pauvre infortuné! quelle affreuse position!

— Je parvins à prendre pied, et tournai autour de moi des regards inquiets, lorsqu'au loin, une lumière frappa mes regards...

— Absolument comme le petit Poucet, interrompt M. Verbois.

— Silence donc! mon ami, laissez achever monsieur.

— Je dirigeai donc mes pas du côté de ladite lumière, et m'aperçus bientôt qu'elle partait d'une humble chaumière. J'approchai, je frappai à cette demeure rustique, et un ange de grâce, de beauté, comptant à peine quinze à dix-neuf printemps, vint m'ouvrir la porte, entendre ma prière, et m'accorder une noble hospitalité... Cet ange de perfection si...

— Ah ! de grâce, laisse de côté les perfections de ta châtelaine, et va au fait, dit Desroches en souriant.

— Mon cher, j'aime à bien raconter, reprend Brichard.

— Oui, longuement et avec embellissement.

— N'écoutez pas M. Desroches, et continuez, mon cher M. Brichard, dit madame Verbois.

— Oui, continuez... votre récit m'intéresse beaucoup, ajoute le mari.

— Mon Dieu ! à quoi donc en étais-je ?... ce diable de Desroches, avec ses observations caustiques, m'a tout-à-fait dérouté.

— Et la jeune fille aux quinze ou dix-neuf printemps, répond M. Verbois.

— Ah ! oui ; enfin donc...

— M. et madame Boulan ! vient annoncer un domestique.

— Qu'ils soient les bien-venus ! répondent

aussitôt les maîtres de la maison courant à la rencontre des visiteurs.

— Mon cher Brichard, n'oubliez pas que je tiens beaucoup à connaître la suite de vos aventures. J'espère bien que vous nous en raconterez le reste tantôt.

— Je serai tout à vos ordres, madame.

VII.

DIEU.

— Oui, Prudence, oui, ma fille, je tiens trop à cette union pour me rendre à vos prières, pour céder à cette sotte répugnance pour un mariage qui vous convient sous tous les rapports. Desroches est un homme capable de rendre une femme heureuse, autant par ses qualités morales et physiques, que par sa fortune, vous lui convenez aussi, et portant la délicatesse au point de ne vouloir accepter votre main sans votre libre consentement ; de plus, inquiet de cette tristesse que l'on remarque en vous depuis quelques mois, il m'a chargé de sonder votre cœur, de connaître votre opinion à son égard, et de lui apprendre enfin, d'après votre réponse, s'il peut sans craindre de vous déplaire, vous offrir son cœur et son nom.

— Je vous ai répondu, mon père, que je rendais justice aux excellentes qualités de M. Desroches, mais que mon vœu le plus ardent serait de rester fille, de sans cesse habiter près de vous, près de ma mère, et c'est à vos genoux, qu'en ce moment je renouvelle une prière dont le motif m'est plus cher que la vie.

— Folie! extravagance que je désapprouve, croyez-vous donc, ma fille, que votre mère et moi soyons immortels, ne devez-vous pas nous perdre l'un et l'autre... alors, que deviendrez-vous, isolée, sans famille, sans rien qui vous attache sur cette terre? sans un être que vous puissiez chérir? Renoncez-vous donc à la douceur d'être mère un jour, au bonheur de recevoir les caresses d'un enfant qui vous devra la vie? Ah! ce bonheur est cependant bien doux! Allons, Prudence, puisque ce n'est dans les liens du mariage qu'un tel plaisir soit permis à une femme honnête, cédez aux conseils d'un père, et acceptez l'époux qu'il vous offre en ce jour et qu'il juge digne en tout, d'assurer votre félicité...

— Oh! mon père, au nom du ciel, prenez pitié de votre fille!

En disant, Prudence levait des yeux et des mains suppliantes vers son père, son corps se penchait en avant, et ses genoux étaient près de toucher la terre.

— Morbleu! je ne comprends rien à tout ceci, Prudence, il y a là-dessous quelques secrets que je ne puis comprendre ; non, un tel désespoir n'est point naturel, ma fille, votre cœur ne serait-il plus libre ?.. Abusant de cette liberté que je me suis plu de confier à votre sagesse ?.. Avez-vous oublié qu'une fille respectueuse ne dispose pas de son cœur sans la volonté de ses parens ?... Vous ne répondez pas, Prudence ? s'écrie M. Verbois en fixant la jeune fille d'un regard irrité. Que signifient encore une fois ces larmes éternelles ? ma fille, je veux et je prétends qu'à l'instant même vous m'en fassiez connaître le motif!

Prudence n'entend plus son père, car elle vient de perdre connaissance.

— Malheureuse enfant! la voilà qui s'évanouit maintenant... Ah! que d'ennui et de tourmens elle nous donne!.. Holà! du secours, ma fille se trouve mal...

On accourt, et chacun s'empresse de rappeler Prudence à la vie, elle ouvre la paupière; son premier regard rencontre celui de son père, mais désarmé et plein de sollicitude.

— Allons, remets-toi, mon enfant, sois raisonnable, réfléchis à l'entretien que nous venons d'avoir ensemble; je te donne quatre jours pour te décider, songe qu'un refus de ta part me causerait la plus vive douleur.

Cela dit, M. Verbois, s'éloigne de sa fille, après l'avoir baisée au front, et se dirige vers l'appartement des deux cousins.

— Eh bien! monsieur, m'apportez-vous enfin espérance et bonheur? demanda Desroches à M. Verbois, en le voyant entrer et rompant brusquement son entretien avec Brichard.

— Dites, estimable Abbevillois, nous apportez-vous bonheur et satisfaction, ajouta Brichard, en train de prendre une tasse de café à la crême, et sans même fixer M. Verbois.

— Ah! ne m'interrogez pas... cette fille me fait tourner la tête, mon cher Desroches, je renonce à l'espoir d'obtenir jamais le secret de sa douleur et d'où peut naître en elle cet effroi du mariage... c'est à vous, mon ami, que j'abandonne le soin de vaincre sa répugnance obstinée, de sonder le fond de son cœur, enfin, de la rendre docile à vos vœux comme aux miens. Lorsque je l'interroge, elle pleure; si je me fâche, elle s'évanouit; tout cela m'attendrit, me fait mal et m'ôte toute espèce de courage. Croyez-moi, mon ami, à force de soins, d'instances, sans doute parviendrez-vous à la rendre plus confiante et sensible à votre mérite, enfin, tâchez de me ramener cet enfant à la raison.

— Je suis plus clairvoyant que vous tous, moi, car j'ai su lire dans ses yeux le secret de la jeune fille.

— Voyons, qu'as-tu lu ? demanda Desroches à Brichard.

— Que cette jeune fille a un amour secret qu'elle préfère au tien.

— Cela ne se peut pas, monsieur, ma fille est incapable...

— Allons, papa Verbois, pas de grandes phrases, s'il-vous-plaît, sachez, règle générale, que toutes les filles sont capables de cela, et que pour n'en point demander la permission aux parens, elles n'en sont pas moins estimables... Que diable! l'amour ne se commande pas et vient sans permission, le petit scélérat entre par les yeux et court malgré soi se nicher dans le cœur.

— Je vous répète, monsieur, que ma fille n'a pu disposer de ses sentimens sans ma permission.

— En province, cela peut se passer ainsi, mais je connais cent jeunes filles à Paris, qui pour donner leur cœur et autres accessoires, se sont fort bien dispensées de consulter papa et maman.

— Oui, monsieur, en province, une jeune personne se respecte et tient trop à sa réputatation, pour en agir de la sorte.

— Alors, si ce n'est l'amour du prochain, cela doit être l'amour céleste qui captive votre jolie Prudence, car je le répète, la jeune fille a le cœur occupé aussi, je conseillai tout-à-l'heure à Desroches d'agir en homme délicat, et de renoncer à vouloir posséder une femme malgré elle, à qui la seule idée d'un mariage, arrache des torrens de larmes et d'énormes soupirs.

— Par exemple! s'écrie M. Verbois.

— Laissez-la dire, monsieur, souvent un secret intérêt nous aveugle sur les conseils que nous prétendons donner aux autres ; mais en cela, je ne suivrai que ceux de la raison et de mon cœur. Oui, je sens que j'aimerai votre charmante fille, qu'en elle, je trouverai la compagne que maintes fois s'est plu à se créer mon imagination, celle enfin en qui je trouverai bonheur et vertu ; aussi, veux-je l'entourer de mes plus tendres soins, m'efforcer à mériter son estime, sa confiance, et à vaincre les scrupules qui semblent lui inspirer de la répugnance pour un mariage qui, je le sens, ferait le charme de ma vie.

— Bien, très bien, mon cher ami, vous me rendez l'espérance et la joie. Oh ! vous réussirez, car, quoi qu'en dise cette mauvaise langue, ajouta M. Verbois en indiquant Brichard, ma Prudence est pure et sage. Oui, il est possible que l'amour de Dieu se soit un peu trop emparé de son cœur, car la jeune fille est dévote, j'en conviens, mais cet amour ne l'occupe pas au point de n'y laisser place pour celui que saura y glisser un bon garçon tel que vous.

— Dévote! dites-vous, c'est cela même, j'avais raison dans ce que je disais ; le confesseur de ladite demoiselle...

— Allons, silence, Brichard, tu deviens par trop impertinent.

— Ah çà, mon cher gendre...

— Hum! fait Brichard, entendant M. Verbois donner cette dénomination à Desroches.

— Quand voulez-vous que nous allions ensemble chez le notaire prendre connaissance du testament et des biens du défunt?

— Lorsqu'il vous plaira, monsieur, mais rien ne presse.

— Au contraire, je trouve que la chose est très pressée, moi; car, enfin, je ne serais pas du tout fâché d'entendre la lecture de ce estament où je ne puis croire que le cher oncle ait eu la barbarie de m'oublier entièrement ou de ne m'enrichir qu'au refus de Desroches.

— Moi qui l'ai lu avant la mort de votre parent, monsieur, je puis vous affirmer que la chose est telle que vous venez de l'exposer.

— C'est infâme! Pour m'en rendre responsable et m'en punir si impitoyablement, suis-je donc cause de ses différens avec mon père?

— Brichard, ton dépit, prouve plus d'intérêt, d'égoïsme que de confiance en mes promesses; t'ai-je donc jamais donné le droit de douter de ma parole?

— Non! non! c'est juste ce que tu dis là, mon cher ami, et je suis un indigne, un être abominable. M. Verbois, ajouta Brichard, n'avez-vous pas aussi parlé d'aller visiter de compagnie certain domaine près les bords de la mer.

— Sans doute, une propriété superbe, un

des plus jolis châteaux du département.

— Hâtons-nous donc, alors, car j'ai autant d'envie de le visiter que de désir de voir la mer, qui ne m'est jamais apparue qu'en peinture.

— Cette promenade n'attend pour s'exécuter que votre volonté, répond M. Verbois; nous la ferons en famille, dans une excellente calèche que j'ai sous ma remise.

— Alors, pressons le départ, s'il-vous-plaît, dit Brichard.

— Eh bien! dans deux jours, si tel est l'avis de Desroches; répond M. Verbois.

— J'attendrai de vous le signal du départ.

— Dans deux jours donc!

— Soit, dans deux jours.

Desroches, en allant et venant dans la pièce, aperçoit par la fenêtre Prudence, se promenant au loin dans le jardin; il quitte M. Verbois et Brichard, et se dirige vers l'endroit où il vient d'apercevoir la jeune fille. Elle se promenait pensive, les yeux baissés. Desroches se présente; le hasard, seul, semble occasioner cette rencontre. Prudence l'aperçoit; un faible sourire, de politesse sans doute, vient effleurer ses lèvres. Après quelques mots polis, Desroches prend le bras de la jeune fille, le place sous le sien; ils se promènent alors quelques instans en silence.

— Eh bien, mademoiselle, vous sentez-vous mieux aujourd'hui?

— Non, fait Prudence languissamment.

— Quoi, toujours triste et souffrante? Ah? ne me sera-t-il donc pas permis de combattre ce cruel chagrin, d'en éteindre le foyer? Prudence! au nom du ciel, confiez-moi votre douleur. Hélas! le sujet qui la cause est-il donc si terrible, si puissant, qu'on ne puisse y porter remède? voulez-vous donc toujours souffrir et faire souffrir vos amis par l'aspect de ces larmes continuelles, et lorsqu'autour de vous tout s'inquiète de votre état alarmant, espérez-vous, sans mot dire, qu'il vous dévore et vous fasse, si jeune, disparaître de ce monde que vous embellissez?

— Oui, oui, monsieur, vous saurez mes chagrins, mais vous seul, qui paraissez si bon, si sensible, vous, qui saurez plaindre la pauvre Prudence et la laisser mourir sans divulguer son fatal secret et sa honte irréparable. Tenez, ajouta-t-elle en remettant un papier à Desroches, vaincue par vos sollicitations, par le touchant intérêt que vous daignâtes toujours me témoigner, j'ai, pour vous, confié à ce papier le secret de ma honte; lisez, monsieur, lisez, mais après ne me méprisez pas, faites grâce en faveur du plus profond repentir, du désespoir le plus affreux et de l'excès de mon malheur, lisez et jugez si Prudence Verbois est digne de devenir la compagne, l'épouse d'un honnête homme.

Elle a dit, et laissant le papier entre les mains de Desroches troublé et attendri, elle s'échappe rapidement au détour d'une allée et disparaît bientôt à tous regards. Resté seul, Desroches s'enfonce dans un taillis touffu, se place sur un banc de verdure, ouvre en tremblant le papier et commence ce qui suit :

« Dans mon cœur exista depuis l'enfance la croyance et l'amour de Dieu; le servir, l'adorer aux pieds de ses autels, fut toujours pour moi un devoir sacré, un bonheur, un plaisir des plus doux.

« A l'âge de quinze ans, mes dévotions, mes assiduités à l'église m'avaient attiré l'attention et l'estime des fidèles, et fait admettre dans l'ordre de la confrérie des demoiselles du Saint-Sacrement. Cette marque de faveur, en flattant mes goûts, augmenta encore ma ferveur, et tout entière au service du ciel, lui sacrifiant tous les plaisirs, les affections terrestres, je n'ambitionnais plus que la béatitude éternelle et l'orgueil de sanctifier mon nom.

« Un vieillard, un homme vénérable, un prêtre enfin, était depuis mon enfance chargé du soin de diriger ma conscience. Sa douce morale, en m'inspirant l'amour de Dieu et de la vertu, m'ouvrait les portes du ciel; mais aussi sage que prudent, et instruit de mes macérations, de mes jeûnes nombreux, de mes longues pénitences, sa voix me disait souvent : Dieu, mon enfant, est le meilleur et le plus sage des pères ; il ne commande point, pour sanctifier l'âme, que ses serviteurs martyrisent le corps, et c'est mal comprendre son amour et sa volonté que de détruire par un zèle mal compris son plus bel ouvrage. Arrêtez-vous, ma fille, et à l'avenir soyez plus charitable pour vous-même. Priez, mais n'affligez pas l'auteur de la nature du spectacle de vos douleurs physiques.

« Mais, dans mon ardent enthousiasme, tenant peu compte d'un avertissement que j'attribuais de sa part à une trop grande pitié, je n'en continuais pas moins les pénitences et les devoirs exagérés que je m'étais imposés. Enfin ce digne homme, ce pieux directeur fut rappelé par Dieu; il mourut donc il y a près d'un an, emportant dans la tombe mes regrets et mes larmes.

« Quelques jours après sa mort, j'étais à l'église et, prosternée dans une chapelle, je priais pour le repos de son âme, ou plutôt je le suppliais du haut des cieux de veiller encore sur la conscience de la pauvre créature, lorsque le toucher d'une main s'appuyant légèrement sur mon épaule, troubla ma méditation et m'arracha à ma prière. C'était un jeune prêtre; il m'était inconnu, et avait été envoyé la veille par l'archevêque pour remplir la place que laissait vacante la mort de mon digne confesseur.

« Je ne sus alors pourquoi, mais la vue de cet homme, qui cependant n'avait rien d'alarmant, me causa un frisson, un trouble involontaire; je me levai, et en silence prêtai une oreille attentive à ses paroles.

— Ma chère fille, me dit-il d'une voix douce, voyez en moi le successeur du digne abbé Dermond, votre saint directeur, dont je viens en ce temple exercer le pieux ministère. Hélas! je ne possède ni ses vertus ni son expérience, mais un zèle brûlant, charitable, une foi ardente animent mon courage. Ah! il me serait bien doux d'être jugé digne par ses vertueuses pénitentes, d'achever la noble et sainte tâche qu'il avait entreprise, et de les diriger dans le chemin du ciel. Ah! ma sœur, daignerez-vous déverser sur moi un peu de cette confiance que j'ambitionne tant, et remettre en mes mains le soin de votre salut?

« En me parlant ainsi, sa contenance était humble, ses yeux vers le ciel, et ses bras croisés sur sa poitrine.

« Le lendemain j'étais agenouillée dans son confessionnal, et son oreille recevait l'aveu de mes fautes légères.

« J'avais admiré les vertus de mon premier directeur, et je les retrouvais toutes dans ce dernier; même plus de sévérité. Jamais, selon lui, les pénitences n'étaient assez fortes, assez rudes; toujours il doutait qu'elles compensassent aux yeux de Dieu les fautes qu'elles devaient effacer. Pour lui, jamais la présence à l'église n'était d'assez longue durée, les prières assez sincères, le repentir assez grand. Et pour suivre ses préceptes, les pénitences qu'il m'imposait, je finis par ne plus quitter le pied des autels, par augmenter mes jeûnes, et sans cesse à mes lèvres imposer la prière.

« Cet excès de zèle altéra bientôt ma santé,

et mon père, qui depuis long-temps blâmait cette fureur de dévotion, s'apercevant de mon malaise, interposa son autorité, me défendit l'abstinence des repas, et régla à quelques heures seulement ma présence à l'église.

— Dieu avant tout, mon enfant, gardez-vous de perdre sa grâce en obéissant à une volonté profane, Dieu seul est votre père ; celui d'ici-bas n'est envers vous que le dépositaire des droits du Très-Haut, infidèle aux volontés du ciel, Dieu lui retire ces mêmes droits à votre personne et vous rend libre de suivre votre louable vocation ; ainsi me parlait mon directeur, lorsque quelques jours après, je m'excusais près de lui de mon absence aux offices du soir.

— Trompez une coupable vigilance, mon enfant ; n'écoutez point, ajoutait-il des conseils qui tendent à perdre votre âme ; car les momens qui s'écoulent hors de la prière, hors du giron de la sainte église, sont autant de larcins faits à Dieu.

Mon père s'aperçut bientôt, qu'indocile à ses volontés, je n'en continuais pas moins à me livrer à une extrême dévotion, enfin, fatigué encore plus de mes continuelles absences, autant que des nombreux (mea culpa) résonnant sur un estomac exercé par le jeûne et qui retentissait douloureusement à son oreille, mon père donc, m'interdit entièrement le droit de quitter sa maison et prétendit que j'assistasse aux repas de la famille afin de me faire cesser tous jeûnes et toutes privations. Au désespoir et croyant mon âme perdue, je m'efforçais de vaincre cette funeste déraison, il fut ferme et me laissa seulement la liberté d'entendre la grand'messe le dimanche. Armée des conseils de M. l'abbé Aubry, mon jeune confesseur, et croyant me rendre agréable à Dieu enfreignant de nouveau la défense de mon père, je m'échappais souvent en cachette et courait à l'église où tombant aux pieds de mon directeur, je recevais de lui l'absolution de ma désobéissance. Un jour, mon père s'étant aperçu de mon absence, se rendit à l'église et me découvrit bientôt, prosternée sur les marches du maître-autel et priant avec ferveur, craintive qu'on ne s'aperçût de ma fuite et voulant abréger ma présence au saint lieu, je terminai ma prière vivement, lorsque mon père, s'approchant de moi et me prenant le bras pour m'aider à me relever.

— En vérité, dit-il à voix basse, je parlerai au chapitre métropolitain, ma chère enfant, pour l'engager à délibérer mûrement sur la question de savoir, si l'on ne ferait pas bien de solliciter pour vous en cour de Rome, une canonisation anticipée, car toute vivante que vous êtes, vraiment, il faut déjà que votre âme séraphique habite le ciel, pour tenir si peu compte des choses d'ici-bas, et y méconnaître complètement, les volontés d'un père, les devoirs d'un enfant respectueux ?

— Oh! mon père, pardonnez à votre fille; mais c'est le ciel qui lui ordonne de vous désobéir, lorsque votre bouche lui défend la prière et de hanter la maison du Seigneur.

— Vous êtes une fanatique et une infâme de me parler ainsi, Prudence, répond mon père en me pressant fortement la main et m'entraînant hors de l'église; est-ce là, la morale que vous prêche votre nouveau directeur ?

— Oui, mon père, lorsque ma bouche lui fit connaître vôtre rigueur, contre mes devoirs de piété. Dieu, m'a-t-il dit, avant votre père terrestre.

— Eh bien! ma chère, comme une telle morale ne me convient nullement : dès ce jour, le père terrestre vous défend de ne rien avoir de commun avec le père spirituel. Or, donc, dorénavant s'il vous prend envie de décharger votre conscience des fautes qui l'oppressent, vous ferez ainsi que le pape et les protestans, vous vous confesserez à Dieu, vous entendez ma fille ? car si les cagots s'efforcent dans un zèle outré et mal compris, de détruire l'amour filial dans votre cœur, celui de votre père, que rien ne pourrait faire changer à votre égard, souffre horriblement en voyant chaque jour votre bon sens déménager de plus en plus et votre corps dépérir à vue d'œil, alors donc désormais, par bienséance seulement, une basse-messe le dimanche, accompagnée de votre sœur, ensuite plus de directeur, de jeûnes, de pénitence, et comme il faut absolument qu'une femme en ce monde ait quelque chose à aimer. Hé bien ! je vais m'empresser, en brisant votre hochet religieux, de vous pourvoir d'un bon mari, afin que vous puissiez reporter sur lui, ce qui sera beaucoup plus naturel à votre âge; toute la passion dont vous êtes éprise pour les choses d'en-haut et les ministres d'en-bas.

Ce langage irréligieux me révolta intérieurement; j'écoutais et je priais Dieu en silence pour qu'il daignât pardonner ces paroles impies. Nous rentrâmes à la maison, plusieurs jours s'écoulèrent et mon père tint sa promesse, car surveillée de très près, je ne puis trouver un instant, ni une occasion favorable pour m'échapper. Au désespoir de me voir entièrement privée des secours spirituels, et de la fréquentation de l'église, je formai le projet de passer les journées en prières, dans un petit oratoire situé près de ma chambre; vain projet! car mon père m'en arrachait deux heures après mon lever, et ne me permettait d'y rentrer que le soir une heure avant mon coucher, dont il venait s'assurer dans la crainte que dans mon zèle religieux je ne veillasse une partie de la nuit.

Depuis un mois, les choses étaient ainsi lorsqu'un dimanche, que nous assistions à l'office et que la multitude des fidèles encombrait la nef, n'ayant pu trouver assez de place pour nous réunir tous trois ensemble, je m'étais placée derrière et à quelque distance de ma mère et de ma sœur, une femme chargée de percevoir le prix de la location des chaises, s'approcha de moi et me glissa mystérieusement un papier dans les feuillets de mon livre d'Heures en cet instant placé à mon côté, j'avais aperçu son action et m'apprêtais à lui en demander l'explication, lorsque s'approchant de mon oreille :

« — De la part du digne abbé Aubry, me dit-elle à voix basse. »

— Je me tus alors, et une vive émotion vint

s'emparer de mon âme et la rougeur couvrir mon front. Pourquoi? Je l'ignorai :

— Quelques consolations, de pieux conseils; voilà certainement ce que contient cet écrit?

— Et mes yeux s'élevèrent jusqu'à l'autel, y rencontrèrent celui qu'ils y cherchaient. Il officiait. Oh! que de sainteté brille dans tous ses traits, comme ses regards qu'il porte sur moi sont lumineux! c'est un saint, le ciel s'ouvre à sa voix, et l'inonde des émanations de sa grâce. Hélas! les anges sont avec lui seul et ne daignent plus sanctifier la pauvre Prudence, ainsi disais-je en moi-même plongée dans une extase mystique. Rentrée chez moi, je m'empressai d'échapper à tous les regards en me perdant dans les avenues les plus solitaires du jardin; j'ouvris alors mon livre et en retirai la bienheureuse lettre dont je baisai le cachet, je lus...

— Oh! mon enfant! victime de l'impiété

d'un père, je sais que vous languissez captive et que privée de la nourriture céleste, loinp de la maison du Seigneur votre cœur désire des consolations et des secours spiritueux.

—Venez près de moi, près de celui que vous avez choisi pour guider votre âme dans la voie du salut ; venez, oh ! ma chère brebis! etl'absolution va vous ouvrir les portes du ciel. C'est chez moi, chez votre directeur que le service du Seigneur vous commande de porter vos pas ; Dieu est partout, et dans mon humble demeure il entendra votre confession. Ce soir, à dix heures, échappez-vous en silence, dirigez vos pas vers le presbytère, c'est là où, sans témoin, vous entendrez celui qui, à chaque instant du jour, prie et s'inquiète pour le salut de sa plus chère pénitente. Dieu vous aidera, ma fille, et sa grâce sera la récompense de votre zèle.

— Oui ! oui, j'irai, m'écriai-je en tombant

à genoux. Oh! merci, merci, mon Dieu, qui ne m'avez pas entièrement abandonnée!

Je cachai mon précieux écrit et regagnai la maison où pour moi la journée sembla d'une longueur interminable. Le soir vint enfin, puis la nuit, et je me retirai dans ma chambre, mais non sans avoir eu soin avant de m'emparer, dans le cabinet de mon père, de la clef d'un cadenas retenant la chaîne de la petite barque du canal situé au bout du jardin. Dix heures se font entendre enfin, tout dort dans la maison, je m'échappe sans bruit, gagne l'extrémité du jardin, là je détache la barque, et, familiarisée depuis mon enfance à la conduire moi-même, elle glisse sur l'eau, et, protégée par l'obscurité, j'atteins le pont du canal et y débarque sans témoin, ni obstacle. Je cours alors, j'atteins le presbytère, situé derrière l'église, la porte est entr'ouverte, et une main s'empare aussitôt de la mienne; c'était l'abbé Aubry, sa voix venait de me l'indiquer.

—Suivez-moi, mon enfant.

J'obéis, et malgré moi je tremblai. Mon Dieu! ferais-je mal?... Nous traversons une cour, puis un jardin; je monte un escalier étroit et tournant, et tout cela sans lumière, et ma main toujours dans celle du prêtre. Enfin nous entrons dans une chambre; une lampe l'éclaire faiblement, un lit, une table, des chaises... Ah! un prie-Dieu! un christ!...

— Asseyez-vous, ma fille... plus près de moi. J'obéis, encore plus près, je ne puis trop entendre... Vous tremblez, mon enfant?

—Hélas! oui, je ne sais pourquoi, mon père.

— Mon père! oh! appelez-moi votre ami.

— Je n'oserais... le respect dû à votre saint ministère... Veuillez donc m'entendre et recevoir ma confession, mon père.

Je m'agenouillai, et, pleine d'un saint recueillement, je commençai l'aveu de mes faibles fautes..

J'avais dit, et l'absolution venait de rendre à mon âme sa pureté primitive, je priais avec ferveur, ma pensée, tout mon être en ce moment n'étaient qu'à la divinité; et lorsque sortie de mon extase, je portai mes regards autour de moi : je vis l'abbé Aubry agenouillé tout près de moi, son bras entourait ma taille et la comprimait fortement, son visage était animé, son regard lumineux, sa respiration bruyante et pressée; enfin, loin de m'effrayer de son état, d'en concevoir le moindre doute alarmant, j'en attribuai la cause à un enthousiasme religieux qui ne fit que doubler à mes yeux la vertu de l'homme que j'admirais à l'égal d'un saint.

— Oh! prodige! ne trouvez-vous pas en cet instant que la prière est plus suave, plus consolante que de coutume?

— Pour mon cœur elle a toujours le même charme, mon père.

— Relevez-vous, Prudence, ne fatiguez point ainsi votre corps délicat, par la longue continuité de cette humble posture.

Je me levai ; et lui, m'entourant de ses bras, me pressant sur sa poitrine, et m'inondant le visage de son souffle brûlant.

— Ah ! confiez-vous à ma tendre amitié !... Oh ! ma belle brebis ! ange descendu sur la terre, modèle de sainteté, vierge chaste et aimée de Dieu !

— Ah ! mon père, que dites-vous ! suis-je digne, moi, pauvre pécheresse que vous venez d'absoudre, de ces titres bien heureux ?

— Oui, oui, ange de modestie et de beauté ! Laisse-moi, oh ! je t'en supplie, adorer en toi la mère du Seigneur, dont tu es pour moi la sublime image !... Oui, reste sur mon cœur, car ta douce chaleur sanctifie mon cœur et mon corps.

En disant, sa bouche couvrait mon visage

de caresses, son cœur battait à l'unisson du mien... Hélas! ignorant si j'étais coupable ou non, je n'osais me défendre; et, succombant sous le poids de ma vive émotion, la tête égarée, la raison troublée, je perdais entièrement connaissance dans les bras du plus infâme de tous les hommes.....

Lorsque je revins à moi, quelle fut ma douleur, en me voyant couchée sur le lit, presque nue, et enlacée dans les bras de ce prêtre impie!... Je poussai un cri d'horreur, et m'empressai de rétablir à la hâte le désordre de mes vêtemens... hélas! cet homme avait profité de mon évanouissement pour me déshonorer et me souiller de ses caresses impures! ... Alors un affreux désespoir s'empare de moi, je l'accable de reproches, et fuyant le lit affreux, je cours me réfugier dans un des coins de la chambre, où le monstre ne tarde oint à me rejoindre; et, à genoux, les main jointes et le regard suppliant, il ose implorer le pardon d'une faute qu'il attribuait, disait-il, à un délire extatique, et dont il rejetait toute la responsabilité sur le génie du mal.

En l'écoutant, je fondais en larmes; lui, m'enlaçait encore de ses bras, me suppliait, me jurait que mon âme n'avait rien perdu de sa pureté; puis il élevait ses yeux vers le ciel, lui demandait grâce pour la souillure de mon corps. Enfin, ici j'ose l'avouer, entraînée par une force invincible, inconnue, séduite par l'apparente sincérité de ses regrets, par ses ferventes prières, j'oubliais son crime; et, tombant à genoux près de lui, je mêlais mes prières aux siennes, enlacée dans ses bras, pressée de nouveau sur son sein. Saisie d'un transport inconnu, j'oubliais mon désespoir, mes regrets, tout enfin, et mon âme se confondit avec celle de mon criminel suborneur. Rendue à la raison, je ne pleurais plus; mais anéantie, immobile, je me livrais sans plus de défense aux caresses de cet homme; j'écoutais son langage. Oh! qu'il était différent! ce n'était plus de l'amour de Dieu, de celui des anges qu'il m'entretenait alors; mais de celui qui, pour mes charmes, dévorait son cœur! L'impie! un de mes regards, un baiser de mes lèvres étaient à ses yeux un bonheur plus grand que l'éternité, disait-il, et désormais j'allais être son Dieu, sa divinité, et le seul objet de son adoration.

— Demain, tu reviendras, n'est-ce pas? demain, ici, je t'attendrai avec amour et impatience. Oh! ne va point y manquer, me priver de ta divine présence; songe que maintenant tu m'appartiens, ma Prudence, que la même faute unit notre sort, notre destinée; qu'à force d'amour, de constance, il nous faut ensemble prier et mériter le pardon du ciel.

Hélas! je n'osai repousser cette demande. Un oui s'échappa de mes lèvres, sa bouche le recueillit, et le jour, qui bientôt allait paraître, m'arracha seul de sa présence. Je m'en fuis alors avec rapidité ; et, ayant atteint le pont du canal, je me jetai dans la barque et ramai vers notre demeure, où à mon arrivée, tout encore reposait en paix. Enfin, n'étant plus maîtresse de ma volonté, entraînée par une force invincible, pleurant mon crime, et ne pouvant en haïr l'auteur, foulant aux pieds mes devoirs et l'honneur, chaque nuit je me rendais en secret près de mon indigne suborneur.

FIN DE LA PREMIÈRE PARTIE.

SECONDE PARTIE.

VII.

(Suite)

DIEU.

Depuis trois mois durait cette coupable liaison, lorsqu'un malaise affreux s'empara de toute ma personne; j'écoutai alors ce qui se passait en moi, et je devinai que dans mon sein se formait le fruit de mes amours impies. Hélas! à cette affreuse découverte, je manquai d'expirer de crainte et d'effroi : je demandai grâce et pitié à ce Dieu qui me frappait si justement, j'implorai la mort, l'appelai à grands cris, sans réfléchir qu'elle ne m'aurait pas frappée seule, et ce souvenir, la crainte d'agraver encore mon crime, m'empêchèrent d'attenter à cette vie que le ciel refusait de me ravir, et que vingt fois, avant cette réflexion, j'avais été tentée d'aller éteindre au fond des eaux. Le soir du même jour où ce terrible secret s'était révélé en moi, je me hâtai de courir près de mon complice ; je tombai tremblante à ses pieds, en lui faisant connaître ma position. Aubry, interdit par cette nouvelle inattendue, devint pâle et tremblant.

— Que faire, que devenir, m'écriais-je en larmes, comment cacher à ma famille mon deshonneur et notre crime ?

— Silence! silence! tu t'abuses, enfant, me

répondit le prêtre sorti de sa stupeur et me relevant brusquement.

— Non, non, vous dis-je, là, dans ce sein que vous avez flétri grandit un terrible accusateur, hélas! je n'en suis que trop certaine, mais que faire! que devenir, mon Dieu? réponds! réponds! toi qui m'as perdue, toi qui, sous les dehors de la plus vénérable sainteté a lâchement flétri une pauvre fille, que lui conseilles-tu afin d'échapper au courroux de sa famille, à la malédiction de son père, l'opprobre de ses semblables, où se cachera-t-elle enfin! lorsque chacun saura qu'elle fut la maîtresse d'un prêtre, un infâme, une damnée?

— Assez, assez! répond le prêtre d'un ton impatient et marchant à grands pas, comptes-tu donc révéler à tous notre amour, et n'est-il aucun moyen de cacher ta grossesse?

— Hélas! sais-je ce que je dois faire et devenir!

— Ah ! n'importe ce qui arrive, garde-toi surtout, de prononcer mon nom.

Alors, sur moi toute l'infamie, la honte, pour moi, toute la douleur.

— Calme-toi, Prudence, me dit-il en me pressant la main et donnant à son regard une expression plus douce, hélas ! que ne m'est-il permis de réparer notre faute et de sécher tes larmes en devenant ton époux, mais non, un vœu sacré me lie aux autels et pour moi, il ne doit jamais y avoir ni épouse, ni enfant.

— Qui donc alors, sera le père du tien, qui nommerai-je au mien, lorsque dans son courroux, il me demandera le nom de mon suborneur ?

— Qu'il ignore ta faiblesse, et nous sommes sauvés, répond Aubry.

— Qu'il l'ignore ! mais est-ce possible ?

— Oui, en calmant ton agitation, et te confiant à ma prudence, enfin, en me laissant éteindre le germe fatal, que notre liaison a placé dans ton sein.

— Mon Dieu! que me conseillez-vous?....

— De prendre en secret, certain breuvage dont l'effet aussi actif que certain anéantira cet enfant, dont la naissance serait pour toi, une longue suite de tourmens et de désolation.

— Oh! ciel! mais c'est un crime atroce, un assassinat que vous me proposez là, misérable!!!

— Alors, ne t'en prends donc qu'à toi, maintenant, pour tous les maux que tu te prépares, enfant!

— Quelle horreur! est-ce bien de la bouche d'un prêtre qu'un tel conseil vient de tomber? quoi! après une telle infamie, Dieu ne t'écrase pas de sa foudre? mais il est donc impuissant, ce Dieu, puisque tu vis encore?

En parlant ainsi, mon regard rencontra celui du monstre, il était sombre, farouche, déjà ce Dieu, que j'accusais d'impuissance, avait fait descendre dans l'âme de ce prêtre sacrilège, tous les tourmens de l'enfer, car il se poignait la poitrine, son visage était pâle, livide, ses membres agités d'un violent tremblement, il se promenait alors à grands pas, et s'arrêtant subitement devant le siège sur lequel j'étais placée et fondant en larmes.

— Ainsi donc, tu repousses ma volonté, et bravant les suites funestes de ta position, plus, la colère de ton père, le mépris du monde, tu persévères à conserver à un être, encore insensible, l'étincelle de vie qui l'anime dans ton sein?

— Oui, oui, qu'il vive, et que je meure après s'il le faut de honte et de douleur ; n'espérez donc point que cédant à vos horribles conseils, j'efface mon crime par un plus grand encore.

— Mais encore une fois! qui donc indiqueras-tu pour ton séducteur? me dit cet homme dans un transport de rage et me saisissant le bras avec brutalité.

— Vous! — Malheureuse! reprend-il après avoir entendu ma réponse, as-tu donc oublié que je suis un prêtre, et que ton aveu me perdrait sans retour?

Ah! personne alors ne tiendrait compte au prêtre des combats qu'essuya long-temps ta vertu, afin de dompter les fougueuses passions, que des vœux de chasteté et d'un cruel célibat, ne purent arracher de son cœur. Chassé loin des autels, pour lui s'ouvrira une affreuse prison, puis l'insulte, la misère, l'exil.

Oh! Prudence! veux-tu donc, pour t'avoir trop aimée, pour n'avoir pu résister à tes charmes puissans, veux-tu donc anéantir toute ma destinée, cet avenir de richesses et d'honneurs que m'offre le sacerdoce? Ah! garde t-en bien, tais-toi! tais-toi! et renferme dans le fond de ton cœur ce mystère dangereux ; voile à tous les regards cette fatale grossesse, et plus tard, confie à mes soins ce fruit de nos amours.

« — Ah! pour le tuer, peut-être?

« — Cruelle! qu'oses-tu dire? reprend l'abbé. Pour le chérir, l'élever en secret et le combler un jour des dons de la fortune.

« Long-temps encore, dans ce pénible entretien, où le prêtre indigné employa sermens, promesses, menaces même, afin de m'engager à taire le complice de ma faute, j'avais écouté en silence ce langage tour à tour incidieux et menaçant.

« Ainsi ce n'était ni mon sort, ni les tourmens que me réservait ma faute, qui inquiétaient cet homme et changeaient sa fureur en douces supplications, mais bien la crainte d'un scandale, celle de la perte de son état, l'anéantissement de ses ambitieuses espérances; il voulait donc que moi seule fût victime, et que, grâce à mon silence, il lui fût permis de continuer impunément, sous un masque hypocrite, de remplir le plus saint ministère, et prêtre impur, d'en imposer aux hommes et d'insulter à Dieu.

« Effrayée plus que convaincue, je venais de promettre de dissimuler ma grossesse le plus long-temps possible, mais obstinément refusé à ne point en nommer l'auteur si mon père ou ma mère venaient à découvrir ce fatal secret.

« Cet homme feignit de se contenter de cette simple promesse, et comme la nuit était très sombre, il m'offrit de m'accompagner jusqu'à ma demeure, craignant, disait-il, que l'orage qu'annonçait en ce moment un vent impétueux, ne me causât quelqu'accident, et, malgré mon refus, il me contraignit à marcher avec lui.

« Arrivés au canal, je l'engageai à s'en retourner et à me laisser seule regagner ma demeure ; encore un refus. Le vent, disait-il, était trop violent, et mes faibles mains insuffisantes pour conduire la barque sur des eaux agitées.

« Quoique la présence de cet homme me fût devenue odieuse, et que j'eusse fait tous mes efforts pour l'éloigner, il me fallut encore céder, et, cette fois, ce fut à la plus infâme violence, car, malgré moi, il m'entraîna dans la barque. Inquiète et tremblante, je m'étais assise à l'extrémité du bateau, et nous voguions en silence et dans la plus profonde obscurité, lorsque tout à coup je sentis cesser le mouvement des rames, et presqu'aussitôt, deux bras me saisirent, m'entourèrent, et, malgré mes cris, mes supplications, me précipitèrent avec force dans le plus profond du canal, dont les bords escarpés n'offraient aucun port de salut en cet endroit.

« D'abord je coulai à fond, mais le danger ranimant mon courage et ma raison, je remontai aussitôt à la surface de l'eau, et me rappelant un exercice auquel je me livrais souvent dans mon enfance, grâce à la prévoyance de mon père, je me mis alors à nager, et malgré la gêne que m'occasionaient mes vêtemens, je parvins à gagner péniblement le bord et à saisir le tronc d'un vieux saule sur lequel je m'assis pour reprendre mes sens.

« Ce fut alors que j'entendis au loin le bruit des rames et la barque fuir avec rapidité, emportant l'infâme qui sans doute croyait en cet instant avoir englouti pour jamais sa victime et son secret.

« En effet, ses vœux eussent été comblés, sans le désir de conserver la vie de l'infortuné que je portais dans mon sein, car, sans ce précieux souvenir, j'éteignais dans les eaux où le monstre m'avait plongée, une existence flétrie et qui m'était à charge. Je formai donc le projet de vivre, oui, de vivre, mais seulement pour donner naissance à mon enfant, puis mourir après l'avoir confié à la clémence de mon père.

« L'orage avait passé sans éclater, le ciel avait repris tout son éclat, et la lune argentait an ce moment les eaux du canal.

« Malgré le froid et le malaise qui m'avaient saisie, ne pouvant me retirer de l'endroit où j'étais qu'en me jetant de nouveau à la nage, je pris mon parti, en me tenant d'une main après le saule, je me dépouillai avec l'autre de la presque totalité de mes vêtemens, que je cachai dans le tronc creusé du vieil arbre, puis, me recommandant à Dieu, je confiai mon corps à la surface des eaux. Heureusement sortie des escarpemens, à droite et à gauche s'offrirent des rives où il me fut permis de délasser un peu mes membres fatigués. Enfin, je parvins donc à atteindre le jardin de notre demeure, et peu d'instans après ma chambre, où je me hâtai de m'enfermer afin de rétablir le désordre dans lequel je me trouvai, et me livrer ensuite à toute l'amertume de mes sinistres réflexions.

« Huit mois se sont donc écoulés, monsieur, depuis cet affreux évènement, depuis que dans mon sein se développe chaque jour le fruit de mon déshonneur ; encore quelques semaines, et ce secret que jusqu'alors j'ai eu tant de peine à comprimer, à cacher aux yeux de tous, eh bien ! il va m'échapper, me couvrir de honte et me mériter la malédiction de ma famille, si vous ne daignez protéger une infortunée, sauver son honneur et lui conserver l'estime de son père. Comment? je l'ignore, hélas ! mais, plus à plaindre que coupable, j'ose implorer votre secours, votre protection, au moins pour l'enfant, si la mère en paraît indigne à vos yeux. »

— Oui, pauvre femme, oui, je te protègerai; du moins si je ne puis être ton époux, je veux être ton ami, ton sauveur. Hélas! quel dommage! si belle! si douce! devenir la proie d'un infâme hypocrite! Mais qu'est-il devenu cet homme, ce prêtre impur? Ah! je le saurai, malheur à lui!

Desroches quitte le banc, et rentré dans la maison, va frapper à la porte de Prudence, dont la faible voix l'invite à entrer.

La jeune fille est en larmes, une vive rougeur couvre son visage, ses bras se lèvent suppliants vers Desroches. Celui-ci lui ouvre les siens, et Prudence s'y précipite en versant des torrens de larmes.

— Du courage, pauvre fille. Oh! vous avez été bien malheureuse! Oui, oui, je veux être votre ami, votre protecteur, vous sauver de l'infamie.

Alors, un léger sourire effleurant les lèvres de Prudence, vient remercier Desroches de son touchant intérêt.

VIII.

DIABLE.

— Allons, pour la première fois que je deviens presqu'amoureux d'une femme, et que, renonçant à mon aversion matrimoniale, je me décide à m'enchaîner dans les liens conjugaux, c'est ma foi jouer de malheur que de m'adresser à une pauvre fille séduite..... Enfin il n'y faut plus songer, mais que faire, que dire à M. Verbois, pour légitimer le refus de la main de sa fille?... quel malheur! car j'aurais aimé cette femme, elle eût fait mon bonheur, je le sens au regret que m'inflige sa perte... Oh, non! non, il n'y faut plus penser, la maîtresse d'un prêtre!... Indigne que je suis! sa maîtresse! oh, non! sa victime plutôt!... cependant elle l'a aimé, car trois mois a durée cette coupable liaison; rien ne peut donc excuser Prudence à mes yeux, si ce n'est sa faiblesse et son titre de femme. Mais que dire, que dire à ce M. Verbois? En ce moment entra un valet, qui apportait à Desroches, les lettres de Paris.

— Ah! une lettre de ma petite Juliette! s'écria le jeune homme en brisant le cachet! quelle jolie écriture!... quel style charmant!

comme cette petite laisse aller son âme, chère enfant! comme elle s'exprime! que de reconnaissance! Ah! rien que cette lettre me récompense mille fois de ce que je fais pour elle..... Oh! elle vient de remporter le premier prix de musique, celui d'histoire, bonne petite! tu seras une merveille de vertu, de beauté et de science; qu'il sera digne d'envie celui qui méritera ton cœur, à qui j'accorderai ta jolie main! oh! mais que de brillantes qualités j'exigerai de lui, à combien d'épreuves je soumettrai son honneur avant de lui confier un trésor tel que ma Juliette.

—Comment, tu es seul ici, mon cher Desroches? dit Brichard, venant brusquement interrompre la solitude et les douces pensées de son cousin. Ah! ah! des lettres de Paris, y en a-t-il pour moi?

— Aucune, elle sont toutes à mon adresse.

— Tiens! une très belle main, de qui est cette lettre?

— De Juliette.

— Ah! oui, ta petite mandiante.

— Brichard! voilà cent fois au moins, que je t'engage à cesser, envers ma jeune protégée, cette dénomination méprisante, s'écrie Desroches avec sévérité.

—Dam! mon cher, cela part plus vite que moi, que veux-tu? et puis, j'ai la maudite habitude de ne rappeler jamais que la situation primitive de chacun.

— Alors, je ferais en sorte de te la montrer si heureuse et si riche à l'avenir, que tu finiras, peut-être, par oublier son indigence passée.

— C'est ça, une inconnue, l'enrichir de but en blanc, tandis que moi, Narcisse Brichard, ton cousin du côté paternel, je végète avec un revenu insuffisant.

— Tu fais un singulier original, mon pauvre Brichard; à propos, que deviens-tu? tu n'es j'amais ici, à peine si nos hôtes s'aperçoivent de ta présence chez eux, sans doute quelque cotillon qui t'attire près de lui ! vieux fou !

— Du tout, pas de mauvaises pensées, s'il te plaît; mais absences sont louables, très louables! moi aussi j'ai une protégée; mais comme ainsi que toi, je ne puis l'enrichir des dons de la fortune, je m'empresse de l'orner de ceux d'une bonne éducation; enfin, je lui apprends la multiplication et l'astronomie.

— Bah! et quel âge a cette élève? demanda Desroches en souriant.

— Un âge raisonnable, dix-sept printemps.

— Peste! est-elle jolie?

— Comme un ange, ravissante en vérité, une vrai sylphide.

— Je ne suis plus surpris alors, de l'intérêt que tu prends à son éducation, mais gare les produits de la multiplication ; serait-ce, par hasard, la jeune fille de la diligence ?

— Elle-même, mon ami, n'est-ce pas qu'elle est divine ?

— Oui, mais trop jeune, en vérité, pour un garçon de ton âge ; tu serais son père, mon pauvre Brichard.

— Laisse donc, je suis cent fois plus aimable que je ne l'étais à vingt ans ; tu sais bien, mon cher, que le cœur ne vieillit jamais.

— D'accord ! mais le physique ?

— Pour cela, le mien est encore des plus présentables.

— Prends garde, Brichard, car j'ai mauvaise opinion d'une femme qui s'en laisse compter par un amoureux suranné ; en cela, il y a presque toujours un hypocrite et une dupe ; car il est rare que l'amour soit sincère des deux côtés, lorsque il y a une si grande disproportion d'âge.

— Assez ! oiseau de mauvais augure, heureusement que mon Annette me voit avec des yeux mieux prévenus que les tiens.

—Et, sans indiscrétion, pourrait-on savoir à quel chapître vous en êtes?

— Pas tout-à-fait à celui de la conclusion, mais...

Ici Brichard, s'efforça de donner à sa figure une expression de finesse ; et du pouce et de l'index, remonta son col et sa cravate.

— Tu fais le séducteur je crois? va, tu n'es qu'un niais, mon cher Brichard, de t'amouracher à ton âge, de courir ainsi les grisettes et te faire moquer de toi, lorsqu'au contraire, tu devrais penser sérieusement à trouver une fille estimable et de bonne famille, afin d'en faire une épouse, une compagne chérie, dont les soins, les caresses, fixeraient ton inconstance, au sein d'un heureux ménage

— Ce que tu dis là, est fort sage, j'y songerais dans quelques années.

— Oui, lorsque tu auras ruiné ton corps à force de libertinage, alors tu penseras à prendre une garde-malade; la chère femme! que de faveurs lui seront promises alors.

— Mais songe donc, cher ami, que deviendrais-je, avec femme et enfant, ne possédant que six mille francs de rente? par exemple si toi-même, renonçant au mariage, tu me laissais la succession de l'oncle défunt, ce serait tout différent. A propos, quant te maries-tu, Desroches?

Desroches, embarrassé d'abord par cette question, feint de ne point l'avoir entendue, puis reprenant :

— Je conçois que ta fortune est trop bornée, pour te permettre, en ce moment, les charges d'un ménage, mais il ne tient qu'à toi de posséder, avant peu, la moitié de l'héritage que je t'ai promis, et que nous sommes venus chercher ici ; il ne s'agit, pour cela, que d'un arrangement entre nous, qui, en me rendant service, sera tout à ton avantage.

— Explique-toi, Desroches, je suis tout oreilles.

— Tu sais, mon cher, que je suis tout-à-fait décidé à épouser mademoiselle Verbois, et cela, dans fort peu de temps.

— Hum! c'est ce dont je m'informais tout-à-l'heure, et à quoi, tu n'as pas jugé à propos de répondre

— C'est vrai, mais il me peinait de t'annoncer brusquement une décision, qui, sans ma générosité, te ruinerait complètement.

— Hélas! oui, mais connaissant ton bon cœur, et me rappelant fort bien que tu m'as promis la moitié dudit héritage, j'aurais été de suite consolé; et te fais mon compliment sur cette heureuse union.

— Alors, si tu te rappelles si exactement mes promesses, et que tu y ajoutes une si forte croyance, pourquoi donc me citer sans cesse ton maigre revenu, et feindre d'oublier que mon amitié compte l'augmenter d'une somme de trois cent mille francs ? sans doute afin de me rafraîchir la mémoire ?

— Dam !...

— Tu hésites à répondre, Brichard, je vois alors, que j'ai deviné juste, et je te pardonne aisément cette ruse; mais ce qui m'a toujours blessé de ta part, et que je n'excuse pas, c'est ton désir de me voir rester garçon, afin de pouvoir accaparer, à toi seul, toute la fortune que notre oncle a laissée, et cela, sans jamais m'avoir offert de la partager avec moi, si, renonçant au mariage, je la laissai échapper de mes mains, et passer dans les tiennes.

— Oh ! cher Desroches, crois bien que telle a été mon envie; et si jamais je ne t'en ai parlé, c'est que....

— Tu n'y pensais pas plus qu'à te jeter à l'eau, n'est-ce pas ? reprend Desroches en riant, mais laissons cela, et finis d'entendre la petite condition que je vais t'imposer en faveur de ton ingrat oubli.

— Parle ! parle, Desroches, à tout je souscris d'avance.

— Il s'agit, tout simplement, mon cher Brichard, de faire de suite, entre nous, un mutuel partage de l'héritage, et cela, de telle sorte, que ni l'un ni l'autre ne puissions revenir là-dessus, afin que je sois libre, oui ou non de me marier, sans pour cela être dépouillé ? de la moitié qui me reviendra dans cette affaire.

— Oui, je conçois, alors, si tu n'épousais pas mademoiselle Verbois, selon les volontés du défunt, je perdrai par cet arrangement, moi, Narcisse Brichard, quinze bons mille francs de revenu ?

— C'est ainsi que je l'entends, mais aussi

en compensation de ladite perte, tu hérites de la même somme dès ce jour, quant même j'épouserai la demoiselle.

— Diable! diable! fait Brichard en se grattant l'oreille, mais si tu restes garçon, c'est une perte immense que j'éprouverai alors.

— Brichard! tu es un infâme! et tu n'auras rien, car j'épouse dans quinze jours mademoiselle Verbois.

— Allons! ne te fâche donc pas ainsi Desroches, qui t'a dit que j'hésite le moins du monde à accepter tes offres, parbleu! je serais un grand sot de refuser. Quand passons-nous l'acte?

— A l'instant même, et nous n'irons pas loin pour le signer, car je l'ai fait rédiger par le notaire, et il ne sagit plus que de le signer, tiens le voici.

En disant, Desroches atteignait les deux papiers et les présentait à Brichard qui, avant de signer, regarda Desroches et lui dit :

—Ah çà, franchement, dis-moi, te maries-tu ou ne te maries-tu pas?

—Signe toujours, l'avenir te répondra pour moi.

Les actes sont signés, chacun en prend un, et les deux cousins quittent la chambre et descendent à la salle à manger où les appelait le déjeuner. La famille est assemblée, on se met à table, Prudence paraît encore fort triste, mais elle est plus calme; Victorine, dont jusqu'alors on sait fort peu occupé, en ce que, tel que le lutin d'Argail, la jeune fille est sans cesse introuvable, insaisissable, impalpable, mais tout cela n'empêche pas qu'elle ne soit toujours jolie, rieuse, folle et paraisse même un peu coquette.

— Eh bien, mes chers enfans, quel jour se met-on en route pour se rendre à Blancourt? demande M. Verbois.

—Demain, répond-on à l'unanimité.

—Demain soit! répond le papa, ha çà, j'espère, ma chère Prudence, qu'au retour de ce voyage, tu fixeras toi-même le jour de tes noces, car mon enfant, il faut te décider et ne point faire trop languir cet excellent Desroches.

Prudence écoute son père, pâlit, mais ne répond pas.

— Ah! le mariage tient toujours à ce qu'il paraît? j'ai bien fait de signer, se dit Brichard en lui-même.

— Eh bien! tu ne dis mot, Prudence?

— Laissez, laissez mademoiselle, monsieur, ne cherchez pas à provoquer sa volonté, car je connais ses sentimens à mon égard, et je suis sans inquiétude.

— Oh! oh! à ce qu'il paraît vous agissez tous deux en sournois, et vous vous entendez à ravir; bravo! mes enfans, mais dépêchez-vous, car je meurs d'envie de danser à votre noce.

— Et moi donc, dit ausssi Victorine, mes pieds ne tiennent plus en place.

— Allons, bonne sœur, dépêche-toi d'appeler les violons.

— Mais vous, charmant lutin, quand donc viendront-ils pour votre propre compte? demande Desroches à la jeune fille.

— Oh! moi, pas de sitôt je pense, car pour un tel appel de ma part, il faudrait un épouseur, et de ce côté je ne suis nullement en chance, car tous ceux qui me plairaient en cette qualité, ne font nulle attention à moi; les uns me tournent le dos, les autres me flagornent sans m'aimer véritablement, un seul parmi tous... Enfin, laissons ce chapitre, nous le reprendrons, messieurs, lorsqu'il plaira à ma chère patronne, d'indiquer à mon père, celui qu'il jugera digne de devenir mon seigneur et maître.

— Gentille Victorine, il faut ici, ne vous

en déplaise, conférer franchement ce que pense du mariage votre pauvre cœur, si ma apprécié des personnages dont vous venez de nous parler à l'instant?

—Pourquoi cette demande, mon cher futur beau-frère?

— C'est que, s'il n'était par trop exigeant, ni par trop rebelle aux liens de l'hyménée, j'aurai, je pense quelqu'un à lui présenter.

— Vraiment! voyons, comment est-il votre protégé, où est-il?

— Placé en ce moment à la droite de madame votre mère.

— Par exemple! M. Narcisse Brichard?

— Oui mademoiselle, répond Desroches qui ne peut s'empêcher de rire en voyant l'effet que produit cette plaisanterie sur le cher Brichard, dont la fourchette est en ce moment immobile et suspendue entre son assiette et sa bouche.

— Merci, M. Desroches, M. Narcisse est fort aimable, j'en conviens, mais il est trop petit, je n'aimerai pas un mari en miniature. A ces mots Brichard, rouge comme un coq, laisse tomber lourdement sa fourchette.

— Ensuite, ajoute Victorine, je veux dans celui que j'accepterai pour époux, un cœur où je puisse régner sans partage, et celui de M. Brichard est trop rempli de l'image d'un autre pour que la mienne puisse y trouver place.

— Bon! qui donc t'a si bien instruit, mon enfant, saurais-tu par hasard la confidente intime de ce cher Narcisse? demande en riant madame Verbois.

— Moi, la confidente de monsieur, par exemple! depuis qu'il est ici à peine s'il a eu le temps de faire attention à moi, tant mademoiselle Annette Grincheux l'occupe entièrement.

— Un moment! il y a erreur de votre part, jolie Victorine, s'écrie Brichard.

— Allons, pensez à monsieur, à la chronique scandaleuse de la ville, qui proclame à haute voix, qu'en noble et amoureux troubadour, vous passez votre temps à chanter des virlets aux pieds de la bergère Annette.

— Premièrement, mademoiselle, elle n'est point bergère, mais bien raccommodeuse de dentelle, dit Brichard.

— Ma foi! à la lenteur qu'elle met à raccommoder le jabot que vous lui avez confié, je pensais qu'elle faisait l'un et l'autre métier. Et, alors, je me disais, on a vu des bergères devenir châtelaines, et c'est sans doute, afin d'en faire celle de Blancourt, que le brûlant Narcisse a promis à la bergerette de lui donner sa main.

— C'est faux! s'écrie Brichard hors de lui.

— C'est vrai ! répond Victorine en imitant l'inflexion de voix de Brichard.

— Quoi, mon cher, tu pousses l'extravagance, ou la scélératesse à ce point, promettre le mariage à cette pauvre fille ! ah ! c'est agir en fou, et en misérable si ce n'est qu'un mensonge pour vaincre les scrupules qu'elle oppose à tes séductions.

— Holà ! beau redresseur de tort, il ne s'agit en ce moment que d'une simple plaisanterie, répond Victorine, car la jeune fillette est sage et son cœur ne se donnera qu'avec sa main. Aussi, riant des promesses mensongères de son adorateur, se tient-elle en garde contre ses poursuites.

— Laissons tout cela, Victorine, tu es peu généreuse, mon enfant, vois, tu as mis ce cher Brichard tout de mauvaise humeur.

— Bah ! monsieur attache trop peu d'importance à cette amourette pour m'en vouloir de quelques plaisanteries ; n'est-ce pas, monsieur le séducteur, que vous n'êtes point fâché contre moi? En disant, Victorine qui avait quittée la table, pressait en ce moment la tête de Brichard entre ses deux mains et en parlant, lui faisait la plus jolie moue du monde.

— Non, trop charmante créature, je ne vous en veux pas, et même si vous ne m'avertissiez que vous ne jugez le mérite qu'à la taille, hé! bien, je vous ferai à l'instant même un joli doigt de cour.

— Votre remarque est très piquante, monsieur, mais aussi charitable que vous, je pardonne cette impertinence, et comme je n'entrevois nul danger pour mon repos, je vous engage d'oublier ce que ma franchise envers vous a dû avoir d'offensant, à me faire ce joli doigt de cour, et pour commencer, servez-moi aujourd'hui de cavalier dans une course que je vais faire dans la ville.

— Singulière petite femme! se dit Brichard courant prendre son chapeau et revenant offrir son bras à Victorine. Ils quittent la maison, traversent plusieurs rues; le petit homme est bientôt essoufflé tant la jeune fille le fait marcher avec vitesse; à peine peut-il prononcer quelques mots, auxquels Victorine ne répond rien. Brichard surpris de ce silence, fixe un regard sur elle, et voit ses lèvres murmurer tout bas, les paroles inintelligibles; le teint de Victorine est animé, ses yeux ont pris une sombre expression, enfin, tout en elle dénote une violente agitation, dont Brichard, se voit en ce moment l'innocente victime.

— Qu'avez-vous, ma chère amie, vous sentez-vous indisposée?

— Oui! non! répond violemment Victorine, dont le bras agité par un mouvement convulsif, donne une forte secousse à celui de Brichard.

— Oui, non, répète tout bas le petit homme, cette jeune fille aurait-elle l'esprit dérangé? Ils étaient parvenus à une des extrémités de la ville, alors Victorine s'arrête et retient brusquement Brichard qui ne s'attendant nullement à ce point d'arrêt, était déjà de deux pas plus loin que Victorine dont il emportait le bras.

— Ici, monsieur, ici, dit la jeune fille d'une voix ferme et fixant sur Brichard un regard sévère, vous êtes un homme d'honneur, n'est-ce pas, et qui sait garder un secret! Brichard encore plus inquiet, hésite quelques instans.

— Répondez donc, monsieur!

— Oui! oui! mademoiselle, j'ose m'en flatter.

— Or, donc! vous promettez de me le garder sur les deux services que je vais exiger de vous?

— Mais... oui, mademoiselle.

— Ecoutez, monsieur, je ne suis qu'une faible femme, mais on ne m'insulte pas impunément, et je sais punir lorsqu'on m'outrage ou trahit ma confiance.

— Oui, mademoiselle. Diable de femme! où veut-elle en venir?

— M. Brichard, j'accepte votre dévoûment, ainsi donc, écoutez; vous voyez là-bas cette maison?...

— Oui, mademoiselle.

— Elle est la demeure d'un armurier, vous allez vous y rendre et faire amplette d'une paire de pistolets, mais de bons pistolets, entendez-vous, dont la balle puisse briser la tête d'un homme!

—Ah! mon Dieu! hé, que voulez-vous donc en faire, mademoiselle?

— Pas de question, M. Narcisse Brichard, voulez-vous, oui ou non, me rendre le service que je réclame de votre complaisance?

— Certainement, mademoiselle, mais...

— Pas de mais. Oui ou non, vous dis-je. Et en appuyant sur ces mots, le visage de Victorine s'animait de l'expression du dépit et de l'impatience.

— J'obéis, mademoiselle.

Brichard laissa donc la jeune fille à l'attendre dans la rue et revient bientôt après muni d'une boîte renfermant les armes et leurs accessoires. Victorine s'empresse de l'ouvrir, regarde, et remercie Brichard de sa complaisance.

— Ah çà, mais, mademoiselle, expliquez-moi donc...

— Monsieur, vous êtes un homme de cœur, n'est-ce pas?

— C'est selon, mademoiselle, répond le

petit homme fort interdit et qui entrevoit déjà dans cette question un duel par procuration.

— Assez, du moins pour servir de témoin dans un duel à mort? reprend Victorine.

— Hem ! je vous avouerai, mademoiselle, que j'ai le sang en horreur, et franchement...

— Vous êtes un poltron, n'est-ce pas ?

— Non, mais un homme pacifique, aimant son prochain comme lui-même.

— N'importe, monsieur, comme il ne s'agit absolument que d'être simple spectateur dans une affaire d'honneur, je compte sur vous en en temps et lieu, surtout, monsieur, pas un mot à qui que ce soit, de tout ceci, songez que vous m'avez promis le secret le plus inviolable. Maintenant, retournons chez nous, et si vous vous en sentez encore le courage, hé bien ! faites-moi ce petit doigt de cour que vous m'avez promis.

— Hé ! hé ! hé ! fait Brichard, s'efforçant de

rire quoiqu'il n'en eût pas la moindre envie.

— Allons donc, monsieur, j'écoute et j'attends.

— Certainement, mademoiselle.... Diable de fille va ! certainement que vous êtes infiniment digne des hommages de tous les mortels; mais veuillez donc m'expliquer, à ce qu'il paraît, une personne de votre connaissance à un duel à vider avec un autre, et ?....

— M. Narcisse, vous vous écartez du sujet, vous en étiez aux hommages de tous les mortels.

— C'est juste, mademoiselle, je disais que, c'est une terrible institution que celle du duel...

— Vous n'y êtes pas encore, monsieur, et traitez deux sujets à la fois, du courage donc, n'avez-vous d'éloquence que près de votre raccommodeuse de dentelle ?

—Méchante ! dit Brichard tournant la bouche en cœur, croyant donner de la finesse à sa physionomie et ne faisant que de se rendre encore plus laid.

— Allons, convenez M. Narcisse, que vos moyens de séduction ne sont point dangereux; quoi, pas une douce parole, pas une tendre pression, oh! vraiment, je désespére de votre triomphe sur mon cœur.

— C'est juste, mademoiselle, je me conduis comme un véritable innocent, et cependant vos deux pistolets... vos beaux yeux, veux-je dire, sont bien faits pour inspirer de tendres propos.

— A la bonne heure, cela commence, continuez, monsieur... Allons donc!...

— Ah! mademoiselle! il fallait faire semblant de ne pas vous en apercevoir; me voilà tout déconcerté maintenant...

— Alors, Monsieur, regardez mes yeux et puisez...

— Ils sont magnifiques, leur expression est adorable... oh! quelle différence avec celle qu'ils avaient il y a un instant, lorsqu'il s'agissait de ce vilain duel en question. A propos, quel jour doit-il avoir lieu, ce duel?

— Je vous en instruirai lorsqu'il en sera temps... Or donc, mes yeux, vous dites?...

— Sont des plus tendres, des mieux expressifs, enfin, me rendraient fou d'amour, s'ils daignaient une seule fois me fixer avec tendresse.

— Oui, pour un instant peut-être, car vous devez être aussi comme les autres hommes, vous, perfide, trompeur, inconstant. Oh! que maintenant, je vous hais tous maintenant.

En parlant de la sorte, les traits de la jeune fille s'étaient altérés, l'incarnat couvrait son visage, et l'agitation de son âme se manifestait par des mouvemens brusques et nerveux.

— Encore une frénésie! se dit Brichard... Mon Dieu! que ce chemin est long.

— N'est-ce pas, monsieur, qu'une pauvre fille est à plaindre, lorsqu'elle se croit aimée de l'homme qui l'adule, qui lui jure un amour éternel, et que tout en lui n'est que fausseté, perfidie?

— Oui, oui, mademoiselle, ceci est extrêmement fâcheux... Oh! les hommes sont de vrais monstres.

— Vous aussi, ne valez pas mieux que les autres, monsieur, car enfin, si je vous écoutais, vous chercheriez à me séduire, et cependant, vous dites chaque jour à cette petite Annette que vous l'aimez, que votre plus grand désir serait de posséder son cœur, vous poussez même l'hypocrisie jusqu'à lui promettre de l'épouser... Imposture que cela! car vous êtes tous disposés à m'en dire autant, si un mot de ma bouche, un regard de mes yeux, voulaient vous enhardir à me tenir ce langage.

— Quel dragon que cette petite fille-là!

Et comme Brichard terminait cette pensée, Victorine et lui atteignirent leur demeure. La jeune fille fut aussitôt cacher ses armes dans sa chambre, et le petit homme ayant aperçu au loin Desroches et M. Verbois dans le jardin, se hâta de courir les rejoindre.

IX.

DÉPART, ARRIVÉE AU CHATEAU, MÉSAVENTURE.

Six heures du matin venaient de sonner, et déjà, dans la cour de la maison Verbois, attendait une calèche attelée de deux forts chevaux, les coffres de ladite voiture avaient été bourrés de vins fins, de volailles froides, de fruits et confitures, afin de parer à la disette momentanée dont on était menacé au château de Blancourt. Une demi-heure plus tard, Desroches, Brichard et la famille Verbois, roulaient avec rapidité sur la route d'Abbeville à Dieppe.

On arrive à la ville d'Eu, château royal.

— Voyons le parc! voyons le parc!

— Volontiers, mais il faut déjeuner avant, répond M. Verbois, et la calèche va s'arrêter à la porte de la meilleure auberge.

Le déjeuner terminé, on se dirige vers le château, excepté Brichard qui vient de remarquer le gentil minois d'une jeune servante de l'auberge, et l'ayant rejointe dans le poulailler où elle allait dénicher des œufs frais, s'amuse à lui conter fleurette, en s'avisant d'exiger un baiser pour droit de passage.

— Finissez donc, monsieur!

— Non, jolie poulette, il me faut laisser effleurer avant ce charmant duvet qui orne vos fraîches joues.

— Le plus souvent! est-ce que je vous connaissons... finissez! ou j'appelons gros Michel, not' garçon d'écurie, qui fera ben cesser vos enjôlemens.

— Belle colombe, je me moque du gros Michel, et je baiserai cette petite fossette.

En disant, Brichard qui, malgré la vive résistance de la jeune fille, joignait le geste à la menace, sent tomber sur ses épaules un vigoureux coup de poing qui l'envoie rouler à terre ainsi que la paysanne qu'en cet instant il tenait à bras le corps.

— Ah! greluchon! c'est donc toi qui voulions caresser de force not' amoureuse.

— Corbleu! ce n'est point une raison pour assommer les gens, butor que tu es!

— Ici, Fanchette, reprend le gros Michel

en présentant une main calleuse à la jeune fille, afin de l'aider à se relever.

Mais malheureusement, en tombant sur elle, Brichard a cassé tous les œufs qu'elle tenait dans son tablier, et le pauvre garçon se voit imbibé de jaune et de blanc de la tête aux pieds.

— Maudit manant !.. dans quel état il m'a mis...

— C'est bien fait, monsieur, cela vous apprendra à vouloir embrasser les filles malgré elles, et pis toi, Michel, t'es trop jaloux aussi, vois le bel ouvrage que t'as fait, qu'va dire la bourgeoise quand a va savoir que ses œufs étions cassés...

— Alle les feras payer à c'beau muscadin, donc !

— Volontiers, volontiers, à condition que la jolie Fanchette m'aidera à nettoyer ce diable de gâchis qui couvre mon gilet et mon pantalon, dit Brichard.

En ce moment, entrait dans la cour de l'auberge une jeune fille montée sur un cheval, Brichard, à sa grande surprise, reconnaît Annette dans la gentille amazone. En vain, cherche-t-il à se dérober à sa vue, car la petite l'a de même reconnu, et sautant à bas de son cheval, elle s'avance vers lui.

— Vous ici, Annette ?

— Oui, monsieur.

— Où alliez-vous donc ainsi, belle amazone ?

— Voir mon cousin, le jardinier de votre château de Blancourt, celui que, selon votre promesse, mon père doit bientôt remplacer.

— Mais Annette, ce jardinier en voudra à votre père, de ce qu'il lui aura pris sa place.

— Oh! que non, mon cousin vient d'en obtenir une plus avantageuse au château d'Eu.

— Ah! c'est différent!

— Mais, monsieur, qu'avez-vous donc ?

pourquoi donc tenez-vous ainsi votre mouchoir étalé devant vous?

— Pourquoi, pourquoi, Annette, c'est que voyez-vous, ma chère, je...

— Seigneur! êtes-vous donc tombé dans une omelette?

— Oui, Annette, oui, en me chauffant à la cuisine...

Heureusement que pour la démentir, Fanchette et Michel n'étaient plus là.

— Venez, monsieur, que je vous nettoie, car vous faites horreur ainsi.

Et un instant après, munie d'une serviette et d'un vase d'eau, la jeune fille faisait de son mieux disparaître les taches dont étaient couverts le gilet de piqué blanc et le pantalon de lasting tourterelle. Les Verbois et Desroches de retour de la promenade rentraient dans la salle, au moment qu'Annette terminait cet ouvrage.

— Toi, ici, Annette? dit Victorine en s'approchant de la jeune fille.

— Oui, mademoiselle, je vais voir mon cousin à Blancourt.

— Que vous est-il donc arrivé, mon cher M. Brichard?

— Oh! presque rien, madame Verbois, une tache seulement, que mademoiselle a eu l'extrême bonté de faire disparaître.

— Oui, une tache qui allait de la tête aux pieds, à ce qu'il paraît, car vous êtes mouillé comme un canard, dit à son tour M. Verbois.

Durant ces mots, et à quelques distances, Desroches consolait et encourageait Prudence dont les craintes, la tristesse, semblaient augmenter de plus en plus.

— Enfant! lui disait-il, que redoutez-vous désormais, n'avez-vous pas trouvé un sincère ami dont la protection, le zèle et les soins vous garantiront de tous nouveaux malheurs.

Et la jeune fille fixait sur lui un doux regard où se peignait la reconnaissance.

— Que chuchotez-vous, tous les deux, en ce coin.... Allons! allons! en voiture, tendres tourtereaux, vous aurez le temps de vous débiter vos tendresses lorsque nous serons arrivés à Blancourt.

Ainsi, disait Victorine en venant chercher Desroches et sa sœur pour monter en voiture.

— Quel dommage que cette calèche ne contienne que six personnes, nous eussions fait monter cette petite Annette, cela lui aurait été plus commode que ce grand diable de cheval, fait entendre madame Verbois.

— Merci, merci, madame, j'ai déjà fait dessus la moitié du chemin, j'espère achever le reste de la même manière.

— Comment, M. Narcisse Brichard, vous ne rougissez pas d'être encore étendu dans cette voiture comme un vrai paresseux, après ce que vient de dire maman? et vous êtes assez inhumain, assez peu galant, pour laisser trotter, huchée sur un cheval, une jolie amour de fille dont vous vous êtes fait l'adorateur? dit Victorine avec malice.

— J'en suis désespéré, en effet; mais je suis entièrement ignorant dans l'art de l'équitation, sans cela, certainement que je m'empresserai.

— Croyez-vous, monsieur, qu'Annette ait appris plus que vous à monter à cheval? Allons donc, monsieur, un peu de galanterie.

Brichard, peste et jure entre ses dents, et en lui-même, envoie Victorine au diable, et forcé de céder malgré lui, il quitte donc la calèche où Annette, avec modestie et non sans quelques résistances, vient s'installer à sa place. Fouette cocher, et la voiture part avant même que M. Narcisse n'ait trouvé un banc qui puisse le hausser assez pour se mettre en selle. Enfin, grâce à l'aide du gros Michel, dont un baiser de Fanchette a éteint la rancune; voilà le pauvre cavalier enfourché sur une selle des plus dures, des plus meurtrissantes et des moins élastiques, sur laquelle postérieur se soit jamais placé, le tout porté par un animal borgne, dont le trot est capable de faire jaillir une cervelle moins solide que celle de Brichard. En route, et le cheval dirigé par une main mal habile, de prendre le chemin opposé à celui de la calèche.

— Maudite rosse! infernale rosse! s'écriait alors le cavalier.

Encore le gros Michel, voyant l'embarras de Brichard, court arrêter le bucéphale et le faire tourner bride, afin de le mettre en bon chemin, et d'un vigoureux coup de fouet dans les jarrets, lui fait prendre le galop, au risque de renverser le cavalier qui, dans cette course rapide, saute alternativement du dos sur le cou, et du cou sur la croupe du cheval. Déjà, Brichard est hors de la ville, et de loin, mais bien loin, aperçoit la calèche où un instant avant il étalait sa personne en toute sécurité et qu'il regrette de si grand cœur,; enfin, il n'y a plus à y penser, heureusement que son cheval a ralenti son ardeur belliqueuse, et qu'il se contente en ce moment, ainsi que son cavalier, d'un petit trop assez raisonnable. Tout allait bien alors, car arriver deux heures plutôt ou plus tard, était fort indifférent à Brichard, pourvu qu'il y ait sûreté pour lui dans le voyage; mais ne voilà-t-il pas au moment où le cavalier y pensait le moins, que l'enragé cheval quitte la grand'route de sa propre volonté, et se jetant à droite, enfile un petit chemin de traverse. Brichard saisi de l'aventure veut le faire retourner, et suivant les conseils du gros Michel, s'avise de frapper les flancs de l'animal à grands coups de talon de botte ; mais bah ! plutôt que d'obéir à la bride, le cheval enragé se remet à galoper d'un train de poste, et force le pauvre Brichard, prêt à se voir désarçonné, à se cramponner à la selle; alors, Brichard ne sachant plus à quel saint se vouer, prend le parti de laisser le cheval aller où il lui plaira de le conduire. En moins d'un demi-quart d'heure, l'homme et l'animal atteignent un village, Brichard crie au secours et jette l'alarme dans chaque chaumière, plusieurs paysans en sortent et essaient à barrer le chemin au cheval, quelques-uns sont renversés, les autres reculent dans la crainte d'éprouver le même sort, alors les femmes, les enfans, les volailles crient, pleurent; les chiens aboient et courent après le cheval, lui mordent les jarrêts, alors il saute, gambade, lâche de fortes ruades dans les dents de la gente canine, puis enfin jette en l'air son cavalier qui va tomber au loin, sur un tas de fumier, et y écraser dans sa chute, une oie et deux poules, en train de chercher leur nourriture. Brichard se relève avec l'aide de deux bonnes paysannes, se tâte, s'examine, et se sentant sain et sauf après une telle aventure, remercie son génie protecteur et s'empresse d'essuyer son front que la course et la peur ont inondés de sueur.

— Hé ! d'où venez-vous comme ça si vite, not biau monsieur ? demande un paysan.

— De la ville d'Eu, mon cher ami, mais avant de m'en demander davantage, veuillez me donner un verre d'eau, dit Brichard, encore tout essoufflé.

— Fi donc ! de l'eau, j'avons mieux que cela, entrez cheux nous, j'allons vous faire goûter d'un petit cidre ben chenu.

— Encore du cidre, merci, je préfère de eau ou du vin si mieux vous aimez.

— Du vin, oh! il est trop cher, c'ti-là, en ce pays-ci, venez, venez mon petiau monsieur, vous voirez que not'cide valons ben vot'vin.

Brichard ne demande pas mieux que de suivre le paysan, quand cela ne serait que pour se débarrasser de la foule de villageois qui l'entourent et le regarde la bouche béante, comme une bête curieuse, puis de ces moutards à la figure barbouillées s'amusant à lui pincer les jambes et à lui tirer les breloques de sa montre et autres niches non moins agréables. Si la demeure hospitalière n'est pas somptueuse, elle est, du moins, d'une grande propreté, et l'accueil qu'y reçoit le malencontreux voyageur, des plus cordiales ; boissons, vivres, tout est offert de bon cœur par la maîtresse du lieu ; là aussi, il y a des marmots, mais au moins, ils sont ragoûtant à voir, et intimidés par la présence de l'etranger, se tiennent à distance respectueuse. Le galant Brichard cherche des yeux s'il ne rencontrera pas une seconde Annette dans cette nouvelle chaumière, et trompé dans ses espérances, se contente de donner quelques pièces de monnaie aux marmots pour acheter du pain d'épice à la foire du village.

Rafraichi, désaltéré et suffisamment reposé, Brichard songe à se remettre en route ; son hôte le prévient que son cheval est à l'écurie et qu'il va le lui amener, mais Brichard se gardera bien de s'exposer une seconde fois aux caprices de cet animal têtu, et demande si dans le village, quelqu'un ne pourrait pas lui louer une voiture pour le conduire jusqu'à Blancourt. L'hôte se gratte la tête, réfléchit un instant et finit par offrir la carriole du maire de l'endroit.

— Va pour la carriole, dit Brichard, et une demi-heure après, moyennant un modique salaire, ladite carriole attelée au cheval d'Annette était conduite par un garçon du pays, et roulait Brichard sur la route de Blancourt. Durant les tristes mésaventures qu'éprouvait de nouveau le petit homme, la calèche avait franchi l'espace et fait son entrée dans la cour du château de Blancourt situé à deux lieues de la ville de Dieppe et dans une campagne délicieuse, qu'enrichissait la mer de son immense nappe d'eau. L'élégante voiture s'était donc arrêtée au bas d'un perron, où se trouvaient réunis dans ce moment, le concierge de la maison, sa femme bonne réjouie, grosse à pleine ceinture, ayant de plus un de ses enfans sur les bras et deux autres, pendus après ses jupes, total quatre, sans compter les aînés plantés comme des piquets, autour du père et de la mère, le regard hébété et le bonnet en main; ensuite, le garde forestier, le jardinier et la fille de basse-cour. Telle se composait la domesticité du château, rassemblée pour recevoir ses nouveaux maîtres, dans les personnes de messieurs Desroches et Brichard.

— A propos de Brichard, voyez donc un peu s'il est encore loin, dit M. Verbois, au concierge, vous le reconnaîtrez, il est petit, fluet et huché sur un cheval, ainsi qu'une paire de pincette. Et pendant ce temps, chacun contemple l'architecture gothique du manoir, puis ensuite on se précipite sur la montée, on parcourt les immenses appartemens où Desroches rencontre et reconnaît avec surprise, les portraits d'une longue suite d'aïeux composée d'oncles et de tantes, harnachés à la Louis XIV et à la Louis XV, puis, plus loin, de vieilles grand'mères sous le costume de bergères, tenant leur quenouille et portant la houlette.

Mon Dieu! que ces vieilles têtes ont un air calme et paisible, dit Victorine, en regardant tous ces visages dénués d'expression.

— Que voulez-vous, ma belle? répond Desroches, toutes les petites vexations de ce monde sont finies pour elles, d'ailleurs, on pourrait croire qu'elles en ont été exemptes toute leur vie, en admirant la paix qui règne dans leurs physionomies et les tranquilles regards qu'elles jettent en ce moment sur leurs arrières-petits neveux.

— Mais, qu'est donc devenu ce beau Narcisse, on n'aperçoit personne sur la route? dit M. Verbois, venant rejoindre la société. Ah çà! mes enfans, allez tous vous promener, visiter le parc, les environs, moi je vais vaquer aux préparatifs du dîner, article très important à la campagne.

— Où donc est passé cette petite Annette? demande Victorine.

— Cette jeune fille est modeste, et n'a pas cru, sans doute, devoir nous suivre dans les appartemens, mais elle doit être chez le jardinier, son cousin, répond Desroches.

— Je cours la chercher, car cette jeune fille me plaît infiniment, reprend Victorine, M. Desroches, et toi Prudence, nous vous rejoindrons dans le parc.

Elle s'éloigne, madame Verbois a depuis long-temps suivi son mari ; ainsi donc, Desroches reste seul avec Prudence ; tous deux se dirigent vers le parc, une douce intimité règne entre eux, on dirait même que la jeune fille trouve un charme à s'appuyer sur le bras du jeune homme, à pencher sa belle tête sur son épaule, quelquefois même sur sa poitrine, lorsqu'ils s'arrêtent un instant, et que Desroches cherche à la consoler, à attirer le sourire sur ses lèvres décolorées. Ils suivaient depuis un instant une longue avenue de tilleuls, que terminait un vaste pavillon, ils l'atteignent, les portes en sont ouvertes, tous deux, curieux de le visiter, en parcourent les deux étages, se composant de deux jolis appartemens meublés à l'antique, et très habitables. Ce pavillon est éloigné du château, il réunit tout ce qui est nécessaire, et Desroches pense qu'il est le seul endroit, ou Prudence puisse, en toute sûreté, donner naissance à l'enfant qu'elle porte dans son sein. La jeune fille approuve ce choix, oui, cet à l'étage supérieur, dans une chambre reculée, qu'elle se rendra aux premières douleurs; alors, Desroches, s'échappant par une petite porte donnant sur la campagne, ira au village et en amènera la sage femme, qui, l'accouchement terminé, emportera l'enfant qu'elle confiera à une nourrice, et Prudence regagnera de suite le château, où elle feindra une indisposition subite qui la forcera à garder le lit le temps nécessaire. C'est très bien, mais il faudrait une seconde femme dans la confidence, afin d'assister la sage-femme et veiller ensuite près du lit de l'accouchée; mais impossible de se confier à personne, le secret est trop important et délicat, il faudrait être si sûre de la personne. Victorine? oh! non, une jeune fille, quel exemple! Ensuite, Prudence aurait trop à rougir devant sa sœur. Qui donc alors?....

— Moi, dit Annette, ouvrant la porte d'un cabinet où elle s'était cachée. Prudence frémit à cette apparition inattendue, et tombe anéantie sur un siège.

— Vous nous écoutiez, mademoiselle? dit Desroches à la jeune fille, d'un ton sévère.

— Hélas! monsieur, le moyen de faire autrement, lorsque comme moi, on se trouve renfermée dans ce petit cabinet, et que deux personnes jasent à la porte?

— Mais que faisiez-vous donc là?

— Je me cachais, monsieur.

— Pour quelle raison, mademoiselle?

— Je me promenais seule dans le parc, en attendant le retour de mon cousin le jardinier, que M. Verbois a envoyé au-devant de M. Brichard. En passant devant ce pavillon, j'en vis la porte ouverte, j'y entrais par curiosité, lorsque regardant par une fenêtre, je vous vis y entrer à votre tour ainsi que mademoiselle. Vous, le maître du château, monsieur, je craignais vos reproches de m'être permis d'entrer en ce lieu, et pensant que vous alliez en sortir de suite, je me suis enfermée dans ce cabinet, où malgré moi, je viens de surprendre un secret qui, si vous daignez accepter mes services et me croire digne de votre confiance, ne sortira jamais de mon sein.

Allons! ne vous désolez point ainsi, Prudence, voyez, cette jeune fille est pleine de bonté et de zèle, et d'avance j'ose vous garantir sa discrétion.

— Monsieur a raison, mademoiselle, de vous répondre de moi, car dès ce jour, jamais vous n'aurez eu amie, ni serviteur plus fidèle que moi; mais il ne faut plus pleurer ainsi et dire à la pauvre Annette, que vous acceptez ses services.

En disant, Annette s'était assise à côté de Prudence, lui prenait les mains, les lui caressait, tout cela, en la fixant d'un regard où brillait le plus tendre intérêt.

— Oh! Annette, que vous devez me mépriser maintenant?

— Dites, vous plaindre, mademoiselle.

— Annette, je fus plus malheureuse que coupable...

Je le crois fermement, et près de moi, vous n'avez nul besoin de vous justifier, gardez votre secret, mademoiselle, et pardonnez à Annette d'en avoir involontairement découvert une partie.

— Tout est excusé, ma belle enfant, puisqu'en vous nous trouvons une confidente et une auxiliaire aussi bonne que fidèle; ainsi donc, c'est à vos bons soins, à votre active surveillance que je confierai la santé de Prudence, lors du prochain évènement.

En ce moment, la voix de Victorine appelant Annette, se fit entendre dans le jardin, les deux jeunes filles essuyèrent leurs larmes, et l'on descendit pour aller au-devant de la chercheuse.

— Oh! oh! voilà des yeux bien rouges, en vérité, ma chère sœur, ton existence n'est autre qu'un éternel larmoiement, mon Dieu! mais qu'as-tu donc, et quel sujet si triste, peut en altérant ta fraîcheur, ta santé, te causer ces pleurs continuels?

— Rien, rien, Victorine, une légère indisposition, voilà tout.

— A ton aise, ma chère Prudence, garde bien tes secrets, un jour peut-être, jugeras-tu ta sœur digne de ta confiance ; alors, oubliant l'injurieuse méfiance que tu lui as témoignée toujours; elle t'écoutera, te plaindra et si tes maux sont sans remède, elle pleurera avec toi toute la vie s'il le faut.

— Tais-toi, tais-toi, ma bonne Victorine, ah! si tu savais combien j'ai peu la force d'endurer tes reproches, combien ils me font mal.

— Silence alors, n'en parlons plus, Prudence, et embrasse ta Victorine.

Et les deux sœurs s'embrassèrent avec la plus vive tendresse.

— Jolie Victorine, pourriez-vous m'apprendre si mon cher cousin est enfin parvenu à nous rejoindre, dit Desroches, voulant faire cesser l'entretien que tenaient les deux sœurs à quelque distance d'Annette et de lui, et qu'il pensait être très pénible à Prudence, à en juger par l'émotion qui se peignait dans ses traits.

— Pas encore, répond la jeune fille, je crains bien que son bucéphale ne lui ait joué quelques mauvais tours.

— Je ne le pense pas, moi, car le cheval que monte M. Brichard, est un animal fort doux, je le connais parfaitement, c'est celui de notre voisin Poivret.

Du moment que vous me répondez de la douceur de votre coursier, gentille Annette, je ne suis plus inquiet pour Brichard ; mais oseriez-vous me répondre que la maladresse du cavalier n'a pas porté malheur au cheval?

— Ma foi non, monsieur, je n'en répondrais pas, d'autant plus que je vois votre cousin qui vient à nous, mais que je n'aperçois pas le cheval.

— Salut aux trois Grâces et à l'amitié, dit Brichard, arrivant en riant et sautillant près des trois jeunes filles et de Desroches.

— Arrivez donc, petit Céladon, quoi ! quatre heures de retard, qu'avez-vous donc fait en route ?

— Des folies ! charmante Victorine.

— C'est que votre cheval vous a fêlé la cervelle contre un arbre.

— Ah ! petit lutin, toujours maligne, rusée, dit Brichard à Victorine, et accompagnant ces mots d'une pirouette qu'il s'efforce de rendre gracieuse, puis reprenant : charmante petite bête que votre dada, ma belle Annette, lui et moi allions comme le vent, sautant, franchissant tout, en vérité j'étais loin de me croire un si bon cavalier.

Il est présumable qu'ayant été comme l'éclair et arrivant quatre heures après les autres, que monsieur, sans y songer, a passé la porte du château et courut jusqu'à Dieppe ?

— Pas positivement, suave Victorine, seulement je me suis amusé sous le chaume, oui, j'ai visité le toit de l'indigence, j'y ai même accepté un verre de cidre; je ne suis pas fier du tout, moi.

— C'est on ne peut plus avantageux pour ces infortunés chez qui, sans doute, vous n'aurez pas manqué de laisser les preuves de votre générosité ?

— Certainement! certainement! répond Brichard; mais, mesdemoiselles, veuillez me permettre de vous quitter quelques instans, afin de satisfaire l'impatience que j'éprouve de visiter ce domaine, qui du reste me semble fort bien.

—Après le dîner, mon cher Brichard, nous le parcourons tous ensemble, mais en ce moment, j'entends le tintement de la cloche qui nous invite à regagner le château et la salle à manger.

On se dirige donc vers la maison, et arrivé sur le perron, un petit paysan se présente la casquette en main, et s'adressant à Brichard :

— Monsieur, v'là un mouchoir en soie que je vous rapportons, j'lons trouvé tout-à-l'heure dans notre carriole ousque vous l'aviez laissé tomber, quand je vous ont amenés à ce château.

— Vous vous trompez, mon ami, ce foulard ne peut-être à monsieur, car il vient d'arriver à cheval, ventre à terre, et non dans votre carriole.

— Par exemple! je reconnaissons ben monsieur, c'est ben l'y que j'avons ramassé sur le fumier de not village, ousque son cheval l'avions jeté, et pis, que je venons de descendre d'note voiture à trente pas du château.

— Assez, assez, imbécile, qui t'en demande si long? dit Brichard, avec humeur, en poussant le paysan à la porte. Mesdemoiselles, ajouta-t-il, laissons cela et veuillez venir vous mettre à table.

— Allons donc! le potage est servi, fait entendre M. Verbois.

Alors on accourt, on prend place au couvert, chacun a voulu qu'Annette comptât parmi la famille, la jeune fille est assise entre Brichard et Victorine.

Le dîner est exquis, la gaîté partagée, Brichard soigne Annette, fait la moue à Victorine qui, en ce moment, le plaisante sur sa course équestre et aérienne en carriole, monsieur et madame Verbois mangent comme quatre, Annette comme la moitié d'un, parce qu'elle croit que manger peu, est de fort bon ton, Prudence, placée près de Desroches, s'essaie à sourire au jeune homme qui, admirant sa tête gracieuse, soupire en lui-même, en disant : quel dommage!!!

Le repas est terminé, il n'est que six heures, la chaleur est moins forte, vite en promenade! Afin d'avoir le temps de porter un coup-d'œil général sur les dépendances de la propriété. On se met en route; M. Furet, le garde de chasse et forestier, ouvrent la marche, un fusil sur l'épaule, c'est lui qui guide la société à travers les champs, les prairies, les bois, qui indique à Desroches et Brichard, les terres dépendantes de Blancourt; puis, qui en montre les limites lointaines. En trottant, trottant, on arrive à la ferme, et comme un fermier reçoit toujours bien son propriétaire, mieux encore quand il est nouveau, parce qu'alors, il y a espoir de diminution dans le prix du loyer, toute la société reçoit un accueil des plus avenans. Au fait! ce fermier Richard, sa femme et ses bambins ont tous des figures qui préviennent en leur faveur. Une table est bientôt couverte de laitage, du fruit; les dames sont invitées à y faire honneur.

On sort de table, n'importe! ce fromage à

la crême a si bonne mine, que chacun s'empresse de l'attaquer.

— A combien sommes-nous de la mer, damande Desroches ?

— A un petit quart de lieue, répond le fermier.

— Je voudrai bien voir cela, dit Brichard, la bouche et le nez barbouillés de crême.

— Rien de plus facile que de contenter votre envie, dit madame Verbois, allons-y ce soir.

— Non, il est trop tard, demain, allons passer la journée sur ses bords, en partie de plaisir, fait entendre M. Verbois.

— Soit, approuvé, s'écrie Brichard.

La collation est terminée, on se lève, on se dirige vers une petite côte boisée d'où l'on aperçoit la mer, plus d'ordre dans la marche, chacun est à l'aise, les deux sœurs marchent en avant et se tiennent bras dessus bras dessous. Desroches, M. Verbois et le fermier causent tous trois réunis, madame Verbois va de droite et de gauche en cueillant des bluets et des coquelicots, et Brichard ferme la marche avec Annette à qui il débite une foule de jolies choses d'une façon très respectueuse ; mais arrivé dans le bois, le fripon cherche à égarer la jeune fille, enlace sa taille d'un bras amoureux, veut voler un baiser qu'on lui refuse, et comme la résistance augmente sans cesse le désir, Brichard cherche à obtenir par la force ce qu'Annette refuse à son amour ; la fillette s'effraie, se débat, échappe au séducteur et poursuivie par lui, se faufile à travers les arbres, gagne un taillis, tourne, détourne, puis retrouve la sortie et court se réfugier vers la société qu'elle découvre de loin au sommet de la côte. Pendant ce temps, Brichard qui la croit cachée derrière quelques arbres, continue ses recherches, l'appelle, fait vingt détours sans s'en douter; et lassé de courir après une inhumaine, voulant retrouver la route lorsqu'il lui tourne le dos, finit par s'égarer entièrement. Le jour baisse et Brichard est poltron, aussi, va-t-il et vient-il avec une telle ardeur, qu'il ne s'aperçoit seulement pas que, non-seulement il laisse après chaque ronce, une échantillon de ses habits, mais aussi que ses jambes sont ensanglantées. Inquiet, désespéré, le pauvre garçon fait retentir le bois de bruyans, holà! hé! holà! et l'écho seul répond à sa voix.

— Où sont-ils? mais où sont-ils? Ah! chien d'amour! seras-tu donc toujours l'auteur de mes infortunes?

Puis, furieux, frappant la terre du pied, Brichard s'arrache les cheveux, et fait serment de renoncer aux femmes.

— Que faire? que devenir?

Et en s'adressant ces questions, l'infortuné tourmenté, effrayé, par les fantômes que lui créaient son imagination, prenait chaque arbre pour un voleur, chaque buisson pour un loup, et les racines pour des couleuvres et des vipères.

— Oh! ciel! qu'est-ce donc?.. le bois paraît subitement en feu, une lueur incendiaire brille de toutes parts, des cris furieux retentissent, ils semblent même approcher de plus en plus...

Alors Brichard ne rêve plus que sabbat, sorciers, faux-monnayeurs; ses cheveux se dressent, une sueur froide parcourt tout son corps, et voyant l'incendie s'élancer vers lui à travers les arbres, et s'avancer les cris, les hurlemens du sabbat, l'infortuné tombe sur l'herbe, et se glisse en rampant, sous un épais buisson. Alors, de tous côtés, débordement dans la clairière; une foule de paysans, armés de flambeaux, puis des amis, des jolies filles, appelant à haute voix et à se briser la poitrine, l'infortuné Narcisse Brichard, que tous ensemble cherchent depuis plus de deux heures. Toutes ces voix étaient amicales, remplies de sollicitude, d'intérêt; mais le poltron Brichard, à moitié mort de frayeur, se bouchait en ce moment les oreilles, et n'y laissait parvenir, bien malgré lui, qu'un bourdonnement incompréhensible dont le bruit ne faisait qu'augmenter son effroi. Enfin, toute la bande allait passer outre et continuer ses recherches vers une autre partie du bois, lorsqu'un grand chien de chasse qui depuis un instant flairait à droite et à gauche, se mit à aboyer violemment et à s'agiter autour du buisson qui servait de refuge à Brichard, et dont les épines lui interdisaient l'entrée.

— C'est un loup, un renard, un chevreuil peut-être... Voyons! voyons! s'écrie-t-on de toutes parts.

Puis, les hommes d'avancer, les femmes de pousser des cris et de s'éloigner de la cachette de l'animal.

— Non, c'est un homme! dit un paysan qui vient de saisir une jambe.

— Assassiné! peut-être?.. s'écrient les dames de loin.

— Non, vivant, car il gigote en diable...

— Hé mais! je reconnais la couleur de ce pantalon-là, ce doit être Brichard, dit Desroches en faisant avancer un flambeau, et écartant les ronces avec précaution, c'est lui-même! Que diable fais-tu là, original?

— Grâce! grâce! messieurs les voleurs! s'écrie le petit homme, ouvrant les yeux et croisant les mains.

Alors, un rire général se fait entendre, les épithètes de peureux, poltron, s'échappent de chaque bouche, Brichard reconnaît Desroches; M. Verbois, le fermier, puis Annette et

Victorine se pâment de rire à ses dépens.

Mais, comment le retirer de ce buisson dont les milles épines menacent de le déchirer? Comment? avec deux bâtons qu'on arrache aux arbres, qu'on passe à travers le buisson, puis, que quatre hommes tirent en sens inverse, en sorte d'écarter les branches et de livrer passage à Brichard qui, se retirant à reculons, se voit bientôt libre et entouré de ses amis.

— Ah çà ! monsieur, quelle envie vous a pris de nous quitter tous pour venir vous blottir dans ce nid à lézard?

— Belle Victorine, je m'étais égaré, et ne pouvant retrouver mon chemin, je m'en étais consolé, en pensant qu'on dormait en cette saison, aussi bien sur la fougère que dans son lit.

— Vous n'aviez donc pas réfléchi alors aux voleurs dont vous pensiez, il y a un instant, implorer la pitié?

— Oh! plaisanterie! chère enfant, car, depuis long-temps, j'avais reconnu vos voix... simple badinage, vous dis-je, afin de vous faire chercher un peu plus de temps.

— Menteur et poltron! voilà deux bien vilains défauts que vous avez là, M. Narcisse Brichard, dit Victorine en s'éloignant du petit homme, et courant prendre le bras de son père.

On regagne la ferme en continuant à rire de l'aventure, et Brichard, en s'efforçant de faire croire à sa bravoure par trop douteuse, d'après la situation dans laquelle il venait d'être surpris. Minuit sonnait comme on rentrait au château, sans autres mésaventures.

X.

UNE PROMENADE EN MER.

Ce fut par le plus beau temps du monde, et à cinq heures du matin, afin d'éviter la trop grande chaleur du jour, que la société du château de Blancourt se mit en route pour l'exécution de cette fameuse partie aux bords de la mer. Chacun avait été exact à l'heure indiquée la veille quoiqu'on se fût couché fort tard et malgré le grand nombre de dames dont la toilette se trouve si souvent en contradiction avec l'exactitude. Annette, devenue l'élite de ladite société, faisait encore partie de la bruyante et rieuse caravane, plus, un voisin, petit homme vieux et sec, appelé M. Marmotant, ancien ami de M. Verbois, et propriétaire d'un assez joli bien situé à un quart de lieue de Blancourt. M. Verbois, Desroches et les quatre dames occupaient la calèche que suivait immédiatement un cabriolet découvert dans lequel se trouvaient fort à l'aise Brichard et M. Marmotant.

— Monsieur, ne saurait croire, combien je me promets d'agrément de cette partie de plaisir, dit le voisin à Brichard.

— Monsieur connaît la Manche?

— De quelle Manche, veut parler monsieur.

— Parbleu! celle aux bords de laquelle nous nous rendons.

— Non, je ne connais pas cette Manche-là du tout.

— Il serait difficile d'en conaître d'autres, mon cher monsieur, car il n'y a qu'une seule mer qui porte ce nom, répond le voisin souriant malignement.

— Ah! oui! j'y suis, je comprends admirablement, monsieur veut parler de la mer?

— Oui, monsieur.

— Alors, je vous avouerai que je n'en connais aucune à moins que ce ne soit en peinture où je les trouve déjà très effrayantes.

— Quel effet alors vous produirait-elle en réalité! surtout, lorsque agitée par la tempête, elle mugit et lance jusqu'aux cieux ses vagues furieuses?

— Oui, cela doit être majestueux, superbe, à voir de la côte, j'entends, car, je trouve qu'il y a folie de à s'exposer à ses caprices.

—Ah! mon cher monsieur, si chacun avait pensé ainsi que vous, où en seraient aujourd'hui la science et le commerce?

— Sans doute! sans doute! mais moi je préfère ce qu'on appelle vulgairement, le parquet des vaches, c'est beaucoup plus solide.

—Savez-vous bien, monsieur, que de siècle en siècle, la mer dégrade et envahit la terre?

— Oh ciel! qu'est-ce que vous me dites donc là, est-ce bien possible? demande Brichard avec effroi.

— Tout-à-fait mon, cher monsieur, car St-Omer, l'ancienne Portus iscius où César s'embarqua jadis pour aller soumettre l'Angleterre, est aujourd'hui séparée de la mer par un espace de huit lieues

— Diable, diable !

— Plus encore Fréjus, port célèbre où venaient s'abriter les galères romaines, n'existe plus et est séparé de la mer par un immence lac d'eau douce, Aigue-Morte, où St-Louis, s'embarqua pour passer en Palestine, Rosette en Egypte. Eh bien! monsieur, la mer baignait leurs murs autrefois, et ces deux villes en sont maintenant à une distance de plus de deux milles.

— Ah! voilà qui est superbe, et si elle continue à décamper ainsi, on pourra un jour voyager par terre, dans les quatre parties du monde.

— Pas du tout, vous êtes dans l'erreur, mon cher monsieur; la mer, il est vrai, abandonne bien des parties du terrain, mais pour en couvrir d'autres, c'est ainsi qu'elle se promène depuis que le monde est monde, après avoir surpassé les plus hautes montagnes, les Pyrénés, les Alpes, où l'on trouve de nos jours quantité de corps marins et de coquillages pétrifiés...

Le petit voisin se disposait sans doute à mener encore loin son cours d'histoire naturelle, lorsque fort heureusement pour Brichard, on arriva à la mer ; les deux voitures se vidèrent, la société se groupa en silence, car les âmes se repliaient un instant sur elles-memes, à la contemplation de l'immense Océan. Puis ensuite, en attendant un excellent déjeuner que M. de Verbois se disposait à commander et à diriger avec une sollicitude digne d'un habitant de la Grande-Bretagne ; la société se divisa par groupes qui se mirent à parcourir la grève en tous sens.

Prudence, fatiguée de ce court voyage, avait désiré demeurer près de son père, dans une petite maison non loin du rivage, où devait se faire le déjeuner.

Desroches, qui chaque instant trouvait

Victorine de plus en plus gracieuse et s'était emparé de son bras et loin sur la rive l'avait éloigné des autres personnes.

Brichard à qui la société avait recommandé de prendre garde à ne point éprouver de nouvelles infortunes, en voulant s'avancer pour goûter l'eau de la mer et en prendre dans sa main, s'était déjà laissé dégringoler d'un banc de galet sur un autre, et écorché les deux jambes et cela à peine arrivé. Vraiment il y a des gens qui ont un guignon enragé ! par bonheur encore, que la rieuse et caustique Victorine était absente lors de cet accident et que la jolie menotte d'Annette se trouva là pour aider Brichard à se relever et à gravir cette montagne roulante ; quant à M. Marmotant et madame Verbois, l'un s'était arrangé sous l'ombrage d'un arbre situé à quelque distance de la côte et l'autre cherchait des coquillages dans les creux des rochers, enfin, liberté entière, telles avaient été les conditions de la partie de plaisir.

Après le déjeuner qui avait été des plus *confortables*, Desroches s'éloigna après avoir chargé une servante de l'auberge, d'annoncer son retour prochain à la société, et s'emparant du cabriolet de M. Marmotant, se dirige vers Dieppe dont il n'était qu'à une petite lieue. Desroches court à la ville, traverse le quartier des Poletais, gagne le pont, puis le port et la basse ville, et là, s'informe de la demeure de la sage-femme la plus renommée de l'endroit, chez qui il s'empresse de se rendre aussitôt.

Cette femme cause bien, paraît instruite dans son art. Oui, elle se chargera volontiers de l'accouchement secret, mais elle hésite à s'éloigner de Dieppe, dans la crainte de perdre plusieurs dames de sa clientelle, qui sont toutes prêtes d'accoucher; cette absence lui causerait un préjudice affreux, surtout, devant durer quinze jours, peut-être plus.

— A combien estimez-vous, madame, la perte qu'occasionerait votre déplacement?

— Hum! monsieur... immense!.. pour le moins, à deux cent cinquante francs.

— Bagatelle! reprend Desroches, tenez, madame, en voici d'abord cinq cents en un billet de banque, et aussitôt l'accouchement terminé, je m'engage d'avance et par écrit, si vous l'exigez, à vous remettre pareille somme et à vous indemniser, en sus, de toutes les dépenses que vous aura occasioné ce déplacement.

La sage-femme n'y résiste plus... mille francs! pour aider à mettre au monde un enfant! c'est plus que ne lui rapportent tous ceux qu'elle y amène dans le courant d'une année.

— Oui, monsieur, je suis tout à votre service... dès demain, je cours habiter le lieu que vous m'indiquez... Oh! soyez sans inquiétude avec moi, femme Coquillard, il y a sûreté, adresse, discrétion.... A propos, que ferons-nous de l'enfant?

— Par vos soins, madame, il sera placé en nourrice; une somme vous sera confiée pour subvenir à ses besoins, ainsi qu'au salaire de la femme qui l'élèvera.

— Cela suffit, monsieur... avant de partir pour Blancourt, je vais donc m'assurer d'une nourrice.

— Je crois la chose nécessaire autant que prudente, ainsi donc, madame, demain ou après au village de Blancourt?

— C'est convenu, monsieur.

Et la sage-femme reconduit Desroches jusqu'à la porte de la rue, en l'accablant d'une foule de salutations, et en lui réitérant l'assurance d'un dévoûment absolu.

Une demi-heure après, Desroches se trouvait réuni à la société que l'ennui commençait à talonner, en ce que l'admiration qu'avait d'abord fait naître l'aspect de la mer, avait beaucoup perdu de sa force, et que chacun ne savait plus que faire de son corps, hors M. Marmotant qui s'était promis un plaisir des plus grands dans cette partie, et qui, jusqu'alors, n'avait fait que de passer du sommeil à la table, et de la table au sommeil. La chaleur était extrême, aussi s'était-on réfugié sous une tente improvisée avec la voile d'un bateau, par les pêcheurs de la côte. Chacun bâillait à se démettre la mâchoire, la conversation languissait, et personne, quoique ce fût l'envie générale, n'osait proposer le premier la retraite vers Blancourt.

— Allons! en mer, dit enfin Victorine, M. Desroches, je vous choisis pour mon nautonier... Quelqu'un veut-il nous suivre?

Prudence est souffrante et garde près d'elle Annette qui ne l'a point quittée depuis long-temps, au grand déplaisir de Brichard. M. et madame Verbois, à l'unisson de M. Marmotant, font une petite méridienne, et Brichard a sauté de deux pas en arrière, en recevant l'offre de Victorine. Desroches et la jeune fille iront donc seuls affronter les caprices des flots, tous deux, montent dans une jolie yole que leur procure un pêcheur, déjà la voile est déroulée, le vent joue un instant avec elle, puis il la tend, la frêle embarcation glisse sur la plaine liquide. Desroches et Victorine parcourent d'abord la côte, vont et viennent; l'intrépide jeune fille se plaint de ne frôler que le rivage, demande à courir quelques bordées, et Desroches, après s'être familiarisé avec le balancement des flots, pousse en mer et livre la yole au caprice des vagues.

Ils sont loin de la côte, la mer est calme, le temps est beau, Victorine se sentant inspirée, chante une barcarolle, sa voix est ravissante, l'expression de ses traits admirables d'esprit et de beauté ; jamais Desroches ne l'avait fixé avec tant d'attention. Oh ! elle est divine cette jeune fille ! et pensant ainsi il ne pouvait se défendre d'un doux frissonnement de plaisir, surtout, lorsque la tête gracieuse de Victorine se penchait entièrement sur son et que ses beaux cheveux agités par la brise, venaient caresser son visage.

La jeune fille a terminé sa barcarolle. A la prière de Desroches, elle recommence ses sons enchanteurs et fait entendre le chant du gondolier sur les bords du Rialto à Venise.

Desroches écoute, son âme est enivrée. Oh ! qu'éprouve-t-il donc pour cette jeune fille ? c'est plus que de l'enthousiasme, oui, c'est presque de l'amour, des désirs. De l'amour !

Pourquoi pas ? Prudence. Oh ! il la regrettera toujours, mais elle ne peut être à lui ; et Victorine non moins belle, est libre et sage. Or donc ! pourquoi ne se livrerait-il pas au charme qu'elle lui inspire ; pourquoi, la choisissant pour épouse ne chercherait-il pas à lui plaire ? Allons du courage, car la possession de cette gracieuse fille, promet bonheur et délice, et cela dit, l'heureux Desroches, qui de son bras entourait déjà une taille divine, attire Victorine sur son sein, au point de sentir battre son cœur sur son cœur, puis d'une voix tendre et émue, mêle des propos d'amour au murmure des flots, elle écoute, ce langage subit la surprend, elle sourit, balance sa tête avec incrédulité, puis porte ses jolis doigts sur la bouche de Desroches.

— Vous aussi ! hélas ! je vous croyais plus sage que les autres, je me suis donc trompée encore une fois ? Pauvre Prudence !

— Ah! pourquoi la nommer en ce moment? à elle, mon estime, mon amitié, mon dévoûment, je le sens là, à Victorine désormais mon amour!

— Et bien, ha! ma bonne sœur, si elle vous aime?

— Non, non, Victorine! elle m'estime, voilà tout, et me laisse libre de disposer de mon cœur et de ma main, malgré les conditions imposées par mon oncle.

— Elle est si noble, monsieur, si généreuse! que ces mêmes conditions répugnent à son âme délicate, et en ce moment, Prudence refuse, sans doute en vous, l'époux qu'il plaît à votre oncle de lui imposer et dont elle craint que le cœur n'accompagne pas la main?

— Non, belle Victorine, désabusez-vous, car votre sœur repousse en ce jour et mon cœur et ma main.

—Et alors, c'est sur moi que monsieur se

décide à reporter ses hommages? ses affections?

— Oui, après avoir aimé Prudence, et quoique la regrettant encore, Victorine me séduit et me captive.

— Cette séduction-là, monsieur, n'a pas le sens commun, car il est impossible quand on aime et regrette sincèrement une femme, de se prendre de belle passion pour une autre; ainsi donc, ou vous aimez encore ma sœur, ou vous ne l'avez jamais aimée, et je suis pour ce dernier avis, car enfin, si vous vous étiez donné le temps de lui faire votre cour et de chercher à lui plaire, je suis persuadée qu'elle eût fini par répondre à vos sentimens.

— Et moi, jolie Victorine, je vous répète que votre sœur ne m'eût jamais aimé, et puisqu'en beauté et mérite, je vois en vous deux parfaites égalités. repoussé de l'une j'ose espérer et m'adresser à l'autre, peut-être la chance me sera-t-elle plus favorable.

— Oh! moi, moi! hélas! est-ce possible? Cela faisant, le visage de Victorine s'anima d'un feu subit, ses yeux se remplirent de larmes et sa tête affaissée comme par une douloureuse pensée, tomba sur l'épaule de Desroches.

Tout en courant ainsi, ils voguaient sans s'apercevoir que la terre était déjà bien loin, sans s'apercevoir que d'épais nuages avaient effacé l'éclat du soleil, que le vent s'élevait impétueux, que la mer devenait noire, que la lame se brisait avec force contre la yole et laissait après elle une longue trace d'écume. Un mugissement sourd se fait entendre dans les pronfondeurs de l'abîme et les flots qui se soulèvent et se heurtent avec violence, arrachent enfin Desroches à la contemplation de l'ange qu'il presse entre ses bras, son œil avec effroi remarque l'horrible changement opéré dans la nature, et cherche aussitôt à mesurer la distance qui les sépare de la terre, elle est immense! Victorine d'abord effrayé en voyant la barque poussée par un vent impétueux, pencher vers la gauche au point de laisser entrée à la mer, se précipite vers la droite afin de rétablir s'il se peut l'équilibre.

— Mon Dieu! nous sommes perdus! s'écrie-t-elle en joignant les mains et interrogeant du regard celui de Desroches. — Non! du calme Victorine, du sang-froid et je réponds de tout, fait entendre le jeune homme en se précipitant sur la voile, la comprimant sur le mât, et la contraignant de ses bras afin d'ôter prise au vent.

Mais la mer est de plus en plus houleuse, il devient urgent de diriger la barque, et Desroches n'ose abandonner la voile qu'il comprime avec force, et de laquelle un nouveau tendage peut leur devenir funeste. —

— Vite! votre ceinture Victorine, hâtez-vous! la jeune fille se dépouille de cet ornement, et s'empresse de le tourner et le nouer autour de la voile et du mât, puis en fait autant de son léger sautoir de soie, et la voilà à peu près fixée, Desroches alors se détache du mât, se dépouille de son habit, le déchire en deux, en forme des liens, puis fait de même de sa cravate, de son gilet, et la voile, solidement fixée, dans toute sa longueur, le vent n'ayant plus de prise, et l'équilibre rétabli, le plus grand danger se trouve être passé; mais il s'agit maintenant de regagner la terre au plus vite, et pour cela, Desroches saisit les rames, et de toute sa force et son courage, lutte contre la fureur des vagues qui sans cesse; bravant ces efforts, lui permettent d'entrevoir et d'approcher de la terre, puis le ramènent en mer, et lui font perdre en un instant le chemin qu'il est parvenu à franchir, grâce à des fatigues inouies. — Que faire, que devenir, s'écrie Desroches épuisé de fatigue et découragé, quoi! pas un secours ne nous viendra-t-il donc, faut-il renoncer à la vie? En disant, ces yeux où régnait l'expression d'un sombre désespoir, rencontrèrent la pauvre Victorine, à genoux au fond de la barque, priant avec ferveur pour que le ciel les arrache à l'affreux danger où un caprice de sa part a entraîné son compagnon d'infortune.

— Ah! je ne suis pas seul, il y a donc lâcheté à me décourager, à sacrifier une si jeune existence, se dit Desroches, oui sauvons, sauvons cette pauvre fille, oh! mon Dieu, mon Dieu, prenez pitié d'elle, et renouvelez mes forces.

Enfin, ce Dieu qu'ils imploraient tous deux l'un pour l'autre, et avec tant de ferveur, leur envoya de suite une lueur d'espérance, car le vent, changeant de direction poussa la yole seulement à quelques brasses de la terre, alors Desroches sentit à sa vue renaître son courage, et maniant la rame à tous bras, imprima à la barque un mouvement convulsif qui lui fit fendre les vagues avec rapidité, en se dirigeant vers le rivage dont elle fut toucher le sable, mais hélas n'ayant pas de grapin qui puisse l'amarer dans la grève quatre fois de suite, la mer jalouse de ressaisir une proie prête à lui échapper, remporte la barque en pleine eau.—Mais cet affreux supplice ne finira donc pas? s'écrie Desroches haletant de fatigues et de rage, alors guettant l'instant où la yole, qui courait en ce moment vers le bord, allait de nouveau frapper le sable, il saisit Victorine à bras le corps, l'emporte à la tête de la barque attend, puis sentant le choc, il lance avec force la jeune fille sur le rivage où elle tombe sur ses pieds, tandis que lui, encore emporté par le flot, s'éloigne avec rapidité.

En vain Victorine revenue de la secousse qu'elle vient d'éprouver, et jugeant encore mieux du danger que court l'infortuné Desroches, dont la yole paraît et disparaît tour à tour dans la vague d'une mer en furie, court sur la plage, en appelant du secours, et se tordant les bras de désespoir.

Hélas! personne ne répond à ses cris, le tonnerre gronde avec force, la pluie tombe à torrent, et pas une âme ne se montre en ce moment affreux.

Ah!!! la voilà! elle fend les flots, elle vient sur le rivage, elle va s'y échouer sans doute? la yole! pauvre Desroches!

Il est sauvé, car ainsi que sa compagne, il vient de sauter sur le rivage, et s'éloigne vivement de la vague qui semble vouloir le ressaisir et l'entraîner; enfin, il est dans les bras de Victorine.

—Oh! merci, merci, mon Sauveur! mon

ami. Ah! je ne crains pas la mort, mais il m'eût été pénible de la recevoir aujourd'hui et d'être encore cause de la vôtre.

— Victorine! remercions Dieu, répond Desroches, et tous deux fléchirent le genou.

— Mais où sont-ils? pourquoi n'ont-ils pas envoyé à notre secours? où sommes-nous nous-mêmes? je ne reconnais nullement ce lieu.

— Venez Victorine, cherchons un asyle, ma douce amie!

Mais la jeune fille accablée par de nombreuses et pénibles secousses, ne la point entendu et vient de perdre connaissance.

— Que devenir? s'écrie Desroches, pauvre enfant! comment la secourir?

Alors rappelant quelques étincelles d'une force épuisée, de nouveau, il étreint Victorine dans ses bras, l'enlève péniblement et rampant plutôt qu'il ne marche, s'éloigne du rivage avec son précieux fardeau, et au loin, apercevant une espèce de cabane, se dirige de ce côté. Desroches sent ses nerfs se détendre, ses bras se détacher du fardeau qu'ils soutiennent, et cependant, il n'est encore qu'à peu de distance de la mer. Oh! décidément il faut renoncer à gagner la cabane et attendre du secours sur cette rive déserte. Impossible à lui de se soutenir, d'avancer un pas de plus; enfin, il est grand temps qu'il dépose la jeune fille sur la terre, afin de lui éviter une chute violente en tombant de ses bras.

—Les voilà! les voilà! s'écriaient un instant après plusieurs pêcheurs envoyés à la recherche des deux nauffragés, et qui venaient de les apercevoir étendus sur la terre et privés de connaissance. A ces cris, accourait au loin une foule de personnages; c'était la famille, les amis des deux infortunés.

— Grand Dieu! dans quel état sont-ils!

vite, qu'on les porte à la maison la plus voisine.

Alors on s'empresse, Desroches et Victorine sont enlevés par des bras vigoureux, et Prudence qui a remarqué le désordre de la toilette de sa sœur, lui a jeté son schall sur les épaules. On arrive à la première maison, c'est une auberge, tant mieux? on sera plus libre. On prépare deux chambres, deux lits, on déshabille les deux jeunes gens, dont les habits dégouttent l'eau de toutes parts, et cela, en cherchant à ramener l'usage de leurs sens. Victorine revient la première, ses yeux en s'ouvrant reconnaissent sa mère, sa sœur; elle sourit.

— Desroches, où est-il?

— Dans une pièce à côté avec messieurs Verbois, Brichard et Marmotant.

— Oh! ciel! il vit, n'est-ce pas?

— Oui, il vient aussi d'ouvrir la paupière.

— Ah ! tant mieux ! tant mieux ! qu'il doit souffrir, que de mal il s'est donné ! et moi, moi, qui m'avise de faire la femme faible, de m'évanouir, de laisser mon sauveur sans secours, ce pauvre Desroches !

Trois heures se sont écoulées, un peu de sommeil dans des lits bien bassinés, a ramené le repos et la fraîcheur dans le sang des deux naufragés; les vêtemens exposés devant un grand feu, ont eu le temps de sécher assez pour être repris sans danger. Desroches et Victorine rient de l'aventure et font serment de ne plus jouer désormais avec une traîtresse, une perfide, qui en revanche de la confiance qu'inspirait son onde caressante, a voulu les avaler tout vivans.

Mais comment donc se fait-il, qu'on n'ait pas envoyé une barque à leur secours ? parce qu'il n'y en avait pas une seule sur la grève en ce moment que les pêcheurs avaient couru fort loin pour s'en procurer une, et que la violence des vagues s'était opposée à ce qu'on la mît en mer; enfin, le désespoir était à son comble parmi la famille et les amis, qui tous regardaient la perte des deux jeunes gens comme certaine, surtout après le dire des pêcheurs, et ce triste pronostic semblait s'être entièrement réalisé, lorsqu'après s'être calmé, la mer n'offrit plus de yole à sa surface. Ce fut alors que dans la plus profonde affliction, on se mit à parcourir le rivage, s'attendant à chaque instant de voir la vague rejeter les deux cadavres sur la grève, et ce ne fut qu'à une lieue du point du départ que l'on découvrit la yole, dérivant à l'aventure, mais ne portant plus personne.

— Auraient-ils tombés à la mer, ou seraient-ils venus à bout de débarquer? Telle avait été la question, que le cri des pêcheurs, afin d'annoncer la trouvaille de Desroches et de sa compagne d'infortune, avait aussitôt tranchée. Il était quatre heures, le temps qui avait été si beau dans la matinée, déversait en ce moment des torrens de pluie, de plus, les cruelles angoisses que chacun avait éprouvées lors de la terrible aventure, en assombrissant les idées, faisaient donner au diable la fin d'une partie qui avait failli être si funeste, on se mit donc en route aussitôt pour retourner à Blancourt où l'on arriva encore d'assez bonne heure.

XI.

FÊTE ET DOULEURS.

Depuis quinze jours qu'ils habitaient le château, les deux héritiers l'avaient parcouru et visité dans ses moindres détails, ainsi que les fermes, les bois et les terres qui composaient le domaine en général. Cette propriété plaisait fort à Desroches; son désir était de s'en rendre l'unique propriétaire, et comme elle formait les deux tiers de l'héritage de l'oncle, il avait offert à Brichard de lui tenir compte de l'excédant s'il consentait à lui céder ce bien en totalité.

Le petit homme, fort peu amateur des biens de campagne, avait de suite accepté la proposition, et Desroches, devenu le seul maître et seigneur des lieux. De plus, afin de légitimer une prolongation de séjour qu'exigeait la position de Prudence, s'était empressé d'appeler les ouvriers, afin de faire tout de suite commencer sous ses yeux les nombreux changemens et embellissemens qu'il projetait dans ce beau séjour.

Jusqu'alors personne n'avait manifesté le désir de retourner à la ville; chacun se plaisait à Blancourt. M. Verbois passait des journées à la pêche, passion favorite du papa, qui sans regret, sans ennui, consentait bénévolement à tenir des heures entières un grand bâton suspendu au-dessus de l'eau. Madame Verbois, qui souvent accompagnait son époux, dévorait du matin au soir les romans d'Anne Radcliff, qu'elle avait trouvés, à son grand contentement, dans la bibliothèque du château. Prudence, un peu plus calme, brodait et dessinait. Victorine montait à cheval, ou armée du fusil du garde-chasse, s'exerçait à tirer à la cible; puis, le soir, se plaçant au piano, par ses accords mélodieux charmait la veillée. Le voisin Marmotant, qui prétendait n'avoir jamais rencontré si aimable société, arrivait dès le matin au château, parlait de la pluie et du beau temps, et le sujet épuisé, s'endormait sur sa chaise et ne s'éveillait que le soir pour dîner, et s'en retournait ensuite chez lui. Annette partageait son temps entre Prudence qui lui apprenait le dessin, et Victorine qui lui enseignait un peu de musique. Quant à Brichard, il riait de la patience de M. Verbois, bâillait aux lectures de l'épouse de ce dernier, priait Prudence de lui dessiner à chaque instant de nouveaux modèles d'ameublemens et de voitures qu'il prétendait faire exécuter aussitôt son retour à Paris, où sa nouvelle fortune allait lui permettre de tenir un grand train; de plus, Brichard fuyait Victorine, qui à toute force voulait lui donner des leçons d'équitation et lui apprendre à bien adresser une balle de fusil à cent pas, dans un diamètre de deux pouces; malheureusement l'indocile écolier avait les armes à feu en horreur et se promettait même de n'y toucher de sa vie, et s'éloignant d'une femme dont les goûts cavaliers étaient tellement en opposition avec les siens, le petit homme se livrant en sournois à son penchant naturel, courait après Annette dont il était plus amoureux que jamais, où en l'absence de cette jolie fille, après celles du village.

C'était un soir, grand nombre de personnes des environs, les notables s'entend? messieurs et dames, tous petits propriétaires, gens, raides, guindés, critiques, sentencieux, gens de provinces enfin! garnissant le grand salon de Blancourt. Soirée musicale, improvisée par Brichard afin d'attirer le voisinage et de faire connaissance avec les jolies femmes, s'il y en avait, invitations dirigées par M. Marmotant, guide expert en la société invitable ou non invitable, liste dressée entre deux sommes, et cependant composée de ce qu'il y a de moins mal dans l'aristocratie du canton, puis force bougies, rafraîchissemens fournis par le Tortoni de Dieppe; voilà pour le matériel, maintenant voyons pour le spirituel; Prudence et Victorine, excellentes pianistes; papa Verbois, contre-basse très passable; Desroches, violon distingué; Brichard, clarinette médiocre, grand faiseur de couach! un invité, joli flageolet, et M. Marmotant, triangle intrépide lorsqu'il ne s'endort pas à la première mesure. Dix heures, le concert est dans toute sa force et marche très proprement, il irait encore mieux si ce Brichard n'avait la rage de se tromper sans cesse de ton et de jouer en *si bémol* lorsqu'on est en *la majeur* sans tenir compte le moins du monde des coups de pieds dans les chevilles, que lui adresse M. Verbois, afin de le prévenir et l'engager à rentrer dans les règles de l'harmonie.

Les deux jeunes filles tiennent encore le piano, l'une d'elles éprouve en ce moment des maux atroces, c'est Prudence chez qui les douleurs de l'enfantement se font sentir avec violence. Que faire? comment quitter l'instrument avant la fin du morceau qu'elle et sa sœur exécutent ?

La pauvre enfant comme elle souffre ! A peine entend-elle le bruit des instrumens, tant le sang que d'affreuses tranchées font refluer vers sa tête bourdonne à ses oreilles, d'invincibles crispations contractent ses doigts sur le clavier. On applaudit..... Dieu ! que ce bruit paraît doux à la jeune patiente, non parce que ces marques d'approbation flattent sa vanité, oh ! non, mais c'est qu'elles lui annoncent la fin d'un martyre intolérable. Prudence se lève, va fuir, sa mère l'arrête au passage.

— Je t'en supplie, mon enfant, encore la cavatine de *Tancredi ?*

— Au nom du ciel, ma mère ! je suis souffrante, une migraine affreuse ! Ah ! permettez que je me retire aussitôt ?

— Quoi déjà, mademoiselle ! Ah ! ne nous

refusez pas le morceau qu'à notre prière, réclame madame votre mère.

Ainsi parlent une foule de personnages qui croyant faire les aimables entourent la pauvre Prudence, qui, dévorée de souffrances, se soutenant à peine est contrainte d'affecter le sourire lorsque l'enfer est dans son sein ; Annette passe près d'elle, la fixe, devine ce qu'elle éprouve, écarte le monde et l'entraîne aussitôt. Elles descendent par l'escalier dérobé, longent l'avenue de tilleuls, gagnent le pavillon et s'y enferment.

Un instant après, Annette rentrait au salon, et annonçait à la société qu'une migraine horrible venait de contraindre mademoiselle Prudence à se mettre au lit. Alors, madame Verbois, Victorine, s'inquiètent, veulent se rendre auprès de la malade.

— Elle dormait déjà lorsque je l'ai quittée, gardez-vous, mesdames, d'aller troubler son sommeil, dit Annette en retenant la mère et la fille. C'est différent! et l'on se remet en musique. La jeune confidente vient de faire un signe expressif à Desroches, mais hélas! pas assez adroitement pour que Brichard ne s'en soit aperçu.

— Oh, ciel! qu'ai-je vu? se dit le petit homme, qui troublé par la jalousie lâche un couach des mieux conditionnés et trouble par cette inadvertance l'ensemble d'un morceau qui marchait à ravir. Alors un murmure caustique s'élève parmi la société; Brichard rougit, frappe du pied, écrase les corps de M. Verbois, qui dans sa douleur inexprimable, portant la main à son pied laisse tomber sa contre-basse dont le manche va cogner et bondir sur la tête de M. Marmotant endormi au milieu du morceau, et le triangle en main; grande interruption dont profite Brichard pour sortir du salon et se mettre à la poursuite de Desroches et d'Annette qu'il a vu sortir à peu de distance l'un de l'autre.

— Ami perfide ! femme déloyale, me tromperiez-vous tous deux ? Oh ! je veux m'en assurer ! malheur à vous, infâmes ! puis Brichard trotte, trotte de toute la vitesse de ses petites jambes, puis aperçoit à quelques degrés du bas de l'escalier, son cousin causant à voix basse avec la jeune fille.

— Les traîtres ! épions leur coupable manège, pauvre Brichard ! Desroches et Annette quittent le pérystile, s'enfoncent sous la noire avenue, Brichard est sur leurs traces, ils pénètrent dans le pavillon, en ferment la porte et cela sur le nez du jaloux.

— Oh ! s'il y avait une seconde porte ! et Brichard tourne autour du bâtiment, une lumière brille à travers des fenêtres du second, des volets intérieurs viennent de se fermer, on ne voit plus rien.

— Ah! une porte s'ouvre, une autre se ferme, Brichard accourt et ne voit personne. N'importe! il restera là toute la nuit afin de confondre la perfide et l'ami déloyal à leur sortie du pavillon. Une demi-heure se passe, aucun bruit. Brichard rencontre un arbre dont les branches prennent du tronc et s'élèvent en frôlant les croisées du pavillon. En Montant sur cet arbre, il pourrait peut-être entendre ce que disent les infâmes..... Oui, l'idée est heureuse, et Brichard se met à grimper. Bien! il atteint presque jusqu'à la croisée où s'est montrée la lumière. Il écoute. Rien, un silence absolu. Brichard se dépite; quoi, pas le moindre bruit, celui d'un soupir, d'un baiser; que font-ils donc? Ah! une porte s'ouvre, celle du jardin, un homme et une femme s'avancent, ils se dirigent vers la porte du pavillon; ce sont eux pour sûr, ils n'étaient pas encore entrés, et Brichard dans l'intention de se présenter à eux, de les médorer par sa présence inattendue, se hâta de descendre de son arbre ; mais malheureusement une branche casse sous le poids de son corps et le pauvre garçon dégringole de quinze pieds de haut. C'est sur le gazon heureusement, il n'en est quitte que pour une entorce et du temps perdu, car celui qu'il passa à se remettre de sa chute, a suffit aux perfides pour entrer au pavillon et en fermer les portes.

— Miséricorde ! que se passa-t-il dans le haut ?... quels cris ! quels soupirs ! le scélérat viole la pauvre enfant ! Ah ! l'hypocrite ! qui s'en serait douté, mon Dieu ? Mais c'est une horreur ! il l'assassine ! le brigand ! le scélérat! Frappons. Non, il me tuerait peut-être aussi ? Ah ! le monstre de cousin que la nature m'a donné là ! Pauvre Annette, pauvre Annette ! on t'égorge malheureuse !... Attends, attends! et Brichard veut courir, mais son pied s'est enflé, le petit homme ne peut remuer de place, il tombe sur l'herbe saisit de douleur et d'effroi en se bouchant les oreilles afin d'intercepter le passage aux douloureux gémissemens dont elles ne cessent d'être déchirées depuis un instant.

— En effet, elle souffrait horriblement la malheureuse ! suite inévitable d'une grossesse comprimée, douleurs occasionées par l'étreinte continuelle d'un corset, qui depuis huit mois presse sans pitié l'abdomen de la honteuse et craintive jeune fille. C'est en vain qu'elle voudrait comprimer les cris, les gémissemens que lui arrache une souffrance, une force surnaturelle. Encore une demi-heure passée dans un atroce supplice qu'une nature marâtre impose inhumainement à ce sexe si délicat, et la sage-femme présente à la pauvre mère l'objet de toutes ses larmes et de toutes ses douleurs.

Plus de plaintes, mais du bonheur, une douce larme, elle tombe sur le visage d'un petit être, ah! Prudence est heureuse, car elle embrasse son enfant, le presse sur son sein, le montre à Desroches, à Annette, enfin, elle oublierait tout, jusqu'à la prudence, si deux amis ne la lui rappelaient... Oui, il faut quitter ce lit de misère, retourner de suite au château, où Desroches se charge de l'y transporter, tandis qu'Annette continuera d'assister la sage-femme dans les soins qu'exige le nouveau-né.

— Adieu donc, oh, ma fille chérie ! à bientôt, à bientôt ! vis pour ta mère, pour la consoler un jour, pour devenir sa compagne fidèle et chérie. Elle a dit, embrasse long-temps encore le petit être, et Desroches l'étreignant dans ses bras, sur son sein l'enlève, descend l'escalier, quitte le pavillon et fuit avec son fardeau à travers la longue avenue de tilleuls

Depuis long-temps tout dort au château, Desroches s'y est ménagé une issue secrète, et bientôt parvenu à la chambre de Prudence, l'homme bon et charitable, dépose la jeune fille sur un siège. Alors, les yeux humides de larmes de la reconnaissance et fixés sur Desroches, Prudence tombe à genoux aux pieds de cet ami précieux, et saisissant sa main qu'elle couvre de baisers.

— Oh! merci, merci, mon sauveur, car je te dois plus que la vie, dit-elle d'un accent plein de charmes et d'humilité, va! la pauvre fille ne pourra jamais assez s'acquitter envers toi, c'est à Dieu à Dieu, entends-tu? qu'elle lègue le soin de te bénir, de te récompenser!

— Prudence! que faites-vous? ah! relevez-vous, enfant, ce n'est que devant celui que vous appelez comme l'auxiliaire dans votre reconnaissance qu'il est permis de se prosterner ainsi. Il la relève, puis se place près d'elle, sur un siège, Prudence, pâle comme un lis, épuisée par les fatigues d'un laborieux enfantement, laisse tomber sa belle tête sur l'épaule de Desroches, lui, entoure de son bras le cou de la jeune fille, la plaint, la console, l'encourage, et sur son front, dépose une douce caresse.

—Hélas! je l'aurai tant aimée ! soupire-t-il, quel dommage !

— Oh ! Desroches, dites que vous serez toujours pour moi un ami, un frère chéri ?

—Toujours, toujours! répond-il en pressant la main de Prudence, et renouvelant ses caresses. Et la jeune fille de laisser échapper une larme, et son visage de se couvrir d'un léger incarnat. Un bruit de pas se fait entendre dans la pièce précédente, c'est Annette, elle entre en souriant mais respirant avec force, puis elle annonce qu'en sortant du pavillon, elle vient d'éprouver une peur affreuse, qu'un homme s'est subitement présenté devant elle en cherchant à la saisir, qu'elle ne lui a échappé que par une prompte fuite. Ce récit inquiète Prudence, elle craint que cet homme ne soit un malfaiteur, qu'il n'insulte la sage-femme à sa sortie du pavillon, que cette dernière ne doit quitter qu'au petit jour. Desroches la rassure, et tandis qu'Annette va l'aider à se mettre au lit, lui, se promet d'aller rôder autour du pavillon, de chercher à rencontrer, à connaître l'individu qui se permet de se promener la nuit dans son parc, et d'arrêter les filles au passage. Desroches quitte Prudence qui réclame un prompt repos, en la recommandant aux bons soins d'Annette, puis en s'éloignant il passe chez lui, prend un fusil de chasse chargé à plomb, et se dirige silencieusement vers le pavillon. En effet, de loin, et autant que le crépuscule le lui permet, le jeune homme croit apercevoir un individu se traîner avec peine le long des tilleuls.

—Qui peut être? restons là, pense Desroches en se cachant derrière une charmille afin d'y attendre l'inconnu au passage. C'est Brichard, il regagne le château en boitant et grommelant entre ses dents.

— Que diable fait-il dans le parc à cette heure! il vient sans doute d'un rendez-vous amoureux où la belle se sera fait attendre en vain? de là, l'humeur qu'il paraît éprouver, le pauvre garçon!!! Et Desroches ne jugeant point qu'il soit nécessaire de se montrer, laisse passer en paix le malencontreux personnage.

XII.

OU LE DIABLE REPREND SES CORNES.

Le jour qui suivit cet évènement, monsieur et madame Verbois, furent avertis dès le matin que leur fille aînée, plus indisposée encore que la veille, se trouvait dans l'impossibilité de quitter le lit. Grande affliction de la part des père, mère et sœur; à cette mauvaise nouvelle, grand empressement et force soins prodigués à la maladie qui elle-même, afin de tranquilliser sa famille, annonce qu'elle espère que ce malaise n'aura rien de sérieux. Tous les amis sont en ce moment rassemblés chez Prudence, et groupés autour de son lit, hors Brichard cependant, qui n'a pas paru de la matinée, au fait! rien de bien surprenant, la cloche du déjeuner n'a point encore sonnée. Ah! le voici qui ouvre la porte, il entre, Dieu! qu'il paraît de mauvaise humeur, qu'a-t-il donc?

— Rien, rien absolument, répond-t-il, et cependant d'un regard, il écrase Annette d'un superbe mépris, il passe devant Desroches sans daigner le fixer, quoique s'accrochant à son pied, ce qui manque de le renverser. — Vous êtes donc malade, mademoiselle Prudence ? — Oui, M. Brichard, mais, vous-même ne me paraissez pas dans votre état habituel ; vos traits semblent affectés ? — Et le cœur l'est encore plus, mademoiselle, répond Brichard affectant une dignité tant soit peu comique.

— En effet, tu parais faire la moue à tout le monde ce matin, dit Desroches.

— Ah ça, monsieur le faiseur de couach, tâchez, s'il vous plaît, d'avoir la mine meilleure au risque de nous la faire payer plus cher, dit Victorine, puis prenant la figure de Brichard à deux mains, et la présentant à Annette, voyez un peu ce visage fâché s'il a le sens commun, c'est à vous, ma toute mignonne, que je confie le soin de le rendre plus gracieux, plus aimable, voyons Annette ; lâchez-lui une lueur d'espérance à travers le nez, dites-lui, que touché de sa constance, de ses soins assidus un jour peut-être, vous vous déciderez de répondre à son amour, à en faire un mari.

— Par exemple ! maintenant moins que jamais! s'écrie Brichard avec l'accent de l'indignation et devenant rouge comme un coq.

—Vous êtes un impertinent, monsieur, reprend Victorine, non moins rouge que lui et peinée de mauvais compliment qu'elle vient d'attirer à la jeune fille. — Holà ! monsieur, ne vous écriez pas si fort, personne moins que moi je vous assure, n'ambitionne une faveur de laquelle je me sens tout-à-fait indigne, répond Annette.— Indigne, c'est le mot, mademoiselle, fait Brichard en jetant un regard dédaigneux.

— Mais qu'as-tu donc ce matin, original ; tu es d'une impertinence outrée, et d'une injustice barbare ? car quoi de plus sage, de plus gracieux que l'enfant que tu oses mal mener dans ta brutale humeur.

— C'est cela même, oh! je m'attendais que mademoiselle trouverait en toi, un zélé défenseur de sa vertu.

— Un défenseur de ma vertu · s'écrie Annette, comme personne n'a le droit de l'attaquer, elle n'en n'a nul besoin, entendez-vous, monsieur, surtout près de vous, qui mieux que tout autre pouvez en répondre.

— Il y a quelque chose sous jeu, quelque malentendu entre vous, mes enfans, car, il n'est pas possible que ce cher Brichard d'habitude si pacifique, si galant près des dames et d'Annette surtout! change aussi subitement sans avoir un secret motif, dit madame Verbois. — Un terrible, affreux, épouvantable, madame.

— Oh! là, là, voici que nous tombons dans le drame, exclame Victorine, en riant aux éclats, allons, allons, le grand air dissipera sans doute cette noire humeur aussi, je vous choisis, beau Rolando furioso, pour mon noble chevalier, disposez-vous donc à m'accompagner par mont et par vaux tout le courant de cette journée.

—Impossible, mademoiselle, avec la meilleure volonté du monde, car une entorce que je me suis donné hier en descendant la montée, m'empêche totalement de marcher, répond sèchement Brichard à Victorine.

La jeune fille ne répond rien à ce refus, et après avoir embrassé sa sœur avec tendresse, s'empresse de suivre son père et sa mère qui s'éloignaient de la malade pour quelques instans.

— Je vais aujourd'hui à Abbeville, mes chers parens, M. Brichard m'y accompagne, voulez-vous, avant qu'elle ne parte, embrasser bien fort votre Victorine.

— A Abbeville, mon enfant, hé! que vas-tu y faire? demande M. Verbois enlaçant sa fille dans ses bras.

— Menteuse, hypocrite, je vous répondrai, afin de légitimer ce voyage, je vais chez ma tante, ou bien, faire quelques emplettes, voir des amies; mais il n'en est rien, et moi, mes bons parens, en qui vous avez pleine confiance, je vous dirai franchement, que ce voyage a un but secret, très important même, et vous demanderai à en faire mystère jusqu'à nouvel ordre.

— Charmante, ma Victorine! s'écrie madame Verbois.

— Quelle franchise ! hem ! voilà pourtant ce que c'est, que de ne pas contraindre les enfans, ajoute le papa, va, va ma chérie et surtout ne soit pas absente de long-temps à cause de ta pauvre sœur dont la maladie ne cesse pas de nous inquiéter beaucoup.

— Je reviendrai le plutôt possible, bonne mère, ce soir peut-être. Et en prononçant ce dernier mot le son de voix de Victorine prit un ton douloureux, puis elle se jeta au cou de son père et de sa mère et les couvrit de caresses.

— Elle s'éloigne, des larmes roulent dans ses yeux, et d'une pièce à l'autre, voyant venir Desroches, la jeune fille essuie ses pleurs furtivement.

— Adieu, mon ami, mon sauveur, dit-elle au jeune homme en lui présentant une main amicale.

— Où donc va votre gracieuse personne, pourquoi cet adieu, qui me paraît même nuancé d'une teinte de tristesse ?

— Moi, triste, oh ! non, émue, voilà tout, et pour répondre à votre demande, je vais à Abbeville.

— Seule ?

— Non, le beau Narcisse Brichard m'accompagne.

— J'en doute, l'animal continue a être d'une

humeur massacrante, ensuite, il vous a refusé nettement.

— Il viendra, vous dis-je.

— Cela peut-être, il est si difficile de désobéir aux ordres d'une jolie bouche. En tout cas, vous aurez là un maussade compagnon de voyage, et s'il m'était permis de le remplacer ?...

— Je le voudrais, mais cela ne se peut, c'est un être de cette espèce qui me devient nécessaire aujourd'hui.

— Je ne vous comprends pas, Victorine.

— Chut ! ne m'interrogez pas, monsieur, embrassez-moi plutôt et séparons-nous.

Desroches, remarque une certaine altération dans les traits de Victorine, il s'en étonne, cette jeune fille a quelque chose de mystérieux dans elle qu'il ne peut définir, mais qui l'inquiète étrangement. N'importe, il faut profiter du baiser qu'elle offre avec tant de franchise et d'effusion de cœur. Oh! quelle volupté, quel doux frémissement communique la pression de ce corps divin. Que Desroches éprouve de charme, de délire en la comprimant sur son cœur, sur sa poitrine, et combien les baisers pudibons qu'il dépose sur les joues fraîches et vermeilles de Victorine, portent de délire et de trouble dans son âme noble et pure.

— Adieu, mon ami, au revoir, et la gazelle s'arrachant des bras de Desroches, s'enfuit à travers les appartemens, s'informe de Brichard, au premier valet qu'elle rencontre, apprend qu'il est dans sa chambre, y volle plutôt qu'elle n'y court, et trouve le petit homme occupé en ce moment à se frotter la jambe et le pied avec de l'eau de Cologne.

— A nous deux, mon maître! dit Victorine, entrant brusquement.

— Pardon, pardon, délicieuse Victorine,

si vous me surprenez en cette position, mais cette maudite entorce me fait un mal! mais un mal!

—C'est fâcheux, cependant vous acheverez de vous frotter en chemin, mon brave, car il faut de suite nous mettre en route.

— Tout adorable, je pensais vous avoir déjà exprimé mon regret de ne pouvoir être votre cavalier pour cette journée.

— Pour une simple promenade, ce serait assez juste, vous êtes impotent, mais il s'agit d'un duel, monsieur, dans lequel vous avez engagé votre parole de servir de témoin, et je vous somme d'être fidèle à cette promesse.

En parlant ainsi, Victorine avait frappé sur la table, et envoyé rouler au loin le flacon de Brichard.

— Au moins, mademoiselle, veuillez donc m'xepliquer ce que c'est que ce duel, quels sont les adversaires, quelle est l'insulte qu'il s'agit de venger et comment il se fait qu'une jeune personne de votre âge, se trouve être mêlée dans une affaire de ce genre?

— Vous en demandez beaucoup trop, mon cher monsieur, obligez d'abord, on vous instruira ensuite. Allons, allons, partons, mon maître, la voiture nous attend, et le chemin est long d'ici à Abbeville.

— Diable! diable! je ne puis souffrir me fourrer dans ces sortes d'affaires, et franchement, mademoiselle...

— Je suis un lâche; ajoutez que le bruit et l'odeur de la poudre intimident comme un lièvre; un poltron qui, dans la crainte des éclaboussures, préfère manquer à sa parole d'honnête homme, s'écrie Victorine, indignée. Mais sachez donc, âme sans énergie, que c'est ainsi que je vous ai jugé dès le premier coup-d'œil, que brave, loyal et généreux comme Desroches, je vous eus refusé, qu'en ce jour, c'est un poltron qu'il me faut, dont la peur paralyse tout à la fois, la vue, la pensée, le jugement, quelque chose enfin, qui ressemble à un homme et ne puisse comprendre.

— Et alors, vous avez daigné m'accorder la préférence?

— Je ne pouvais mieux choisir; vous dis-je, et tenant à ne point en avoir le démenti, je fais serment que si vous hésitez plus long-temps à venir remplir un rôle que vous avez accepté en qualité de témoin, je vous force à vous battre aujourd'hui même, avec l'un des champions que vous refuserez lâchement d'assister dans cette partie d'honneur.

— Mais petit démon, qui donc vous refuse, si ce n'est mon entorce?...

— Alors, choisissez, témoin à Abbeville, où combattant à Blancourt, dans cette chambre, si votre entorce vous empêche d'en sortir.

— En vérité, c'est un guet-à-pens, une infamie, une inquisition, on a jamais vu torturer ni contraindre de la sorte, un être pacifique ! Faut-il donc vous répéter, mademoiselle, que j'ai le sang en horreur ?

— Vous fermerez les yeux.

— Mais seulement l'idée de le voir répandre, me glace d'effroi.

— Savez-vous, monsieur, que vous finissez par m'impatienter d'une rude manière, marchons, marchons, vous dis-je ! plus un mot à qui que ce soit, avant d'être sorti de ce château, ou je vous brûle la cervelle ! ! !

A cette menace, Brichard pâlit, et fixa Victorine, dont le visage, ordinairement si calme, si gracieux, exprimait en ce moment la colère, l'indignation et l'impatience ; mais n'osant refuser ni hésiter davantage, il se leva et s'efforçant de grimacer le sourire, feignant de se rendre de bonne grâce, il suivit la jeune fille, descendit l'escalier dérobé, sortit avec elle du château, fit quelques centaines de pas sur la route sans que son entorce parût le gêner le moins du monde, et arrivé à un petit chemin de traverse, tous deux montèrent dans une chaise de poste qui les y attendait, et à un signal de Victorine, le postillon aussi muet que Brichard l'était en ce moment, fit partir les chevaux ventre à terre. Quatre heures après, ils entraient dans Abbeville.

XIII.

QUI S'EN SERAIT DOUTÉ ?

Quinze jours se sont écoulés. Desroches, Brichard et la famille Verbois habitent encore le château de Blancourt, et sont tous réunis sur la pelouse, en face la fenêtre du salon.

Monsieur Verbois raccommode ses lignes, madame son épouse dévore un volume des mystères d'Udolphe, roman essentiellement effrayant; Prudence, entièrement rétablie, teujours plus belle, mais non moins pensive, brode une fleur sur le métier; Victorine, assise sur un pliant, un carton sur les genoux et un crayon à la main, s'amuse à dessiner l'ogive de la chapelle du château; Brichard, réconcilié, à ce qu'il paraît avec la jolie copiste, est couché à ses pieds, et s'amuse à tailler ses crayons, ainsi qu'à lui débiter une masse de gentilles choses. Desroches, tient un volume des œuvres de Lamartine, et fait une lecture à haute voix, qu'écoutent attentivement Prudence et Annette. L'inséparable voisin Marmotant, placé au milieu du groupe et fidèle à sa coutume, dort d'un doux sommeil et rêve en ce moment qu'il assiste à une parade sous l'empire.

La chaleur et la pureté du ciel ont permis de passer cet après-dîner sur le tapis de verdure, mais le manteau de la nuit venant rafraîchir la brise, il faut songer à la retraite et courir s'abriter sous les lambris du château, contre l'humidité de la soirée.

M. Marmotant, jamais plus éveillé qu'aux instans où les autres réclament le repos, propose de faire un peu de musique avant de se séparer, promettant d'exécuter ce soir, sa petite partie de triangle fort proprement et de ne s'endormir, si l'envie lui en prend, qu'après la dernière mesure.

— Volontiers, répond Victorine, mais à une condition, c'est que l'on entendra d'abord, Annette qui, grâce au zèle des deux sœurs, est déjà d'une jolie force sur le piano. Surprise presque générale; car, hors les deux maîtresses, tout le monde ignore encore les études et le talent précoce de la jeune écolière.

— Allons, Annette, prenez place, ne tremblez pas, enfant ; tenez, exécutons ensemble ce morceau de Tancredi. Bravo ! bravo ! En effet, Annette s'est acquitté à merveille de sa partie ; oui, de grandes dispositions, une touche hardie. Et chacun complimente la jeune fille et la recomplimente encore, lorsque fières de leur élève, Prudence et Victorine étalent sur le guéridon, les essais au crayon de la nouvelle artiste.

— Bien ! très bien ! continuez, ma belle enfant, car le talent passe noblesse et fortune, dit Desroches, en prenant amicalement la main d'Annette, qui pleure, rougit et court embrasser ses deux jolies institutrices.

— L'infâme ! que n'a-t-elle continué d'être vertueuse ! murmure Brichard, en sournois.

Dix heures, les instrumens se taisent, le salon devient désert ; Desroches, Brichard, et Marmotant, se sont retirés ; Victorine et

Annette n'ont point tardé à en faire autant :
mais, monsieur et madame Verbois ont invité Prudence à rester encore quelques instans avec eux, ayant à l'entretenir sans témoin, et la jeune fille a obéi, non sans éprouver un certain effroi.

— Mon enfant, voilà près de deux mois, que M. Desroches habite parmi nous et qu'il te fait sa cour, tu as donc eu le temps, ma chère, d'étudier son caractère et d'interroger ton cœur à son égard, voyons, que te dit-il en sa faveur ? ta mère et moi, n'avons voulu rien presser, afin de te laisser le temps d'apprécier et d'estimer l'époux que notre tendresse souhaite te voir accepter aujourd'hui; mais il faut te décider, mon enfant, et nous ouvrir ton cœur tout entier, voyons, parle, Desroches te convient, n'est-ce pas ?

— Non, mon père! arrache péniblement, Prudence, de son sein.

— Non! reprend M. Verbois, avec surprise et faisant un soubresaut, comme s'il venait d'être piqué par une guêpe, par exemple! un homme accompli, parfait, oh! tu te trompes, Prudence, c'est un oui, n'est-ce pas, que tu as voulu dire?

— Non, mon père! puis en répétant ce refus, la jeune fille laisse d'abondantes larmes s'échapper de ses yeux.

— Enfant, tu perds la tête, impossible qu'il n'en soit autrement, dit madame Verbois, prenant la main de Prudence; mais réfléchis donc, ma chérie, que tu refuses en ce moment, le plus digne des hommes, et avec lui, le bonheur de toute une vie.

— Sans compter une fortune considérable, ajoute le père.

—Mais, malheureuse enfant, quels sont donc les motifs d'un refus si extraordinaire?

— Un brûlant désir de rester sans cesse

près de vous, de passer tous les instans de ma vie à veiller sur votre précieuse conservation. Oh! mon père, oh! ma mère, au nom du ciel! ne repoussez point mon vœu le plus cher, renoncez, je vous supplie à vouloir éloigner votre Prudence! ah! pour elle, point d'époux, de mariage; mais un père, une mère, voilà ce qu'elle veut, ce qu'elle doit aimer, chérir toute sa vie, et qui suffit désormais à son bonheur!

En parlant ainsi, la jeune fille était à genoux et baignait de ses larmes les mains respectables qui cherchaient à la relever.

—Oh! ma fille! mon enfant cherie! ton dévoûment est beau, mais il y aurait injustice à nous, de l'accepter, oui, Dieu en te faisant si belle, si vertueuse, t'a désignée pour faire le bonheur d'un honnête homme, pour devenir bonne épouse et bonne mère, et tu tromperais sa volonté, si tu n'acceptais le mari que nous t'offrons.

— Impossible! impossible! s'écrie Prudence, avec désespoir, et levant ces mains vers les auteurs de ses jours.

— Ah, ma chère fille! je te le disais bien, que ces prêtres fanatiseraient ta pauvre cervelle, voilà leur ouvrage, ce sont eux qui t'auront fourré dans la tête la pensée de résister aux volontés de tes parens. Hélas! moi qui te croyais revenue de tes erreurs cagotes, désabusée de ton engoûment pour une prêtraille hypocrite.

— Non, ma mère, non, ce n'est que ma volonté seule et unique qui me fait agir en ce moment, et non les conseils d'une caste de laquelle maintenant je ne connais que trop la fausseté. — Prudence, ma chère enfant, réfléchis encore quelques jours, peut-être reviendras-tu sur cette résolution, je ne dirai encore rien de ton refus à ce bon Desroches, car il t'aime, vois-tu, j'en suis persuadé, et le dédain que tu fais de sa main, le désespèrerait s'il venait à l'apprendre.

— Non, plus de réflexions, mon père, ce parti est irrévocable, votre Prudence doit vivre et mourir sans époux.

— Prudence!... Prudence! — Assez, assez mes chers parens, voulez-vous donc désespérer votre fille, forcer les vœux de son cœur, la rendre bien malheureuse? — Non, non, chère petite, nous te cédons enfin, quoique peinés sensiblement. Mais, mon Dieu! comment apprendre à Desroches cette désolante résolution! ajoute M. Verbois.

— Il la connaît, mon père, et toujours généreux, il ne veut pas contraindre la volonté d'une pauvre fille.

— Ce cher garçon, que de peine cela doit lui faire? dit madame Verbois. — Et à moi donc, reprend le mari, ah! s'il pouvait s'attacher à notre Victorine, que je serais heureux de le nommer mon gendre, ajoute-t-il.

— Oui, vous avez raison, monsieur, offrons-lui notre fille cadette, ce sera encore un beau cadeau à lui faire. Prudence écoutait cette proposition, et ses mains avaient peine à cacher le déluge de larmes qui coulait de ses yeux.

— Allons donc, ma mignonne, pourquoi donc tant pleurer puisque nous cédons à tes vœux? Viens, viens nous embrasser, et puis, sèche ces larmes, cher ange. Oui, oui, tu resteras avec nous puisque tu nous aimes tant, tu seras notre compagne, notre société, notre bâton de vieillesse, et chaque jour, mon enfant, ta mère et moi te comblerons de caresses et de bénédiction. Cet entretien dure encore quelques instans, et Prudence invitée à aller prendre du repos, quitte ses parens pour courir s'enfermer dans sa chambre et y cacher son profond désespoir. — Supplice, supplice affreux! s'écriait-elle, aimer sans espérance, perdre ce qu'on chérit plus que la vie, et s'en voir séparé pour toujours..... oh! crime... oh! honte... oh! douleur!... Puis elle sanglotait, et en proie à la plus vive agitation, la nuit pour elle se passa sans sommeil.

— Un mot, mon maître! avait dit le même soir Desroches à Brichard en quittant ensemble le salon, et le petit homme avait bien malgré lui, suivi son cousin jusqu'à son appartement, puis seuls tous deux.

— Je désirerais, mon cher Brichard, que tu m'expliquasses d'où peut naître le changement que, depuis quelque temps, je remarque dans ton humeur, dans ta conduite envers moi et envers cette petite Annette si jolie et si sage.

— Si sage! répond Brichard en levant les épaules, et accompagnant ce geste d'un sourire ironique.

— Oui, si sage, répond Desroches.

— Et c'est toi qui ose la qualifier de ce titre?

toi perfide, suborneur, cousin déloyal, qui n'a pas craint de la déshonorer, de trahir l'amitié, et de me percer du coup le plus sensible. Desroches ne pouvant plus se contenir, part d'un éclat de rire qui déroute Brichard en augmentant le sérieux qu'il s'efforce de commander à sa physionomie.

— Ris, ris, sans cœur, être faux, hypocrite.

— Assez... assez! de grâce, peste! quel débordement, et c'est à moi que s'adressent ces flatteuses épithètes? ah! je t'en conjure, daigne avant m'apprendre ce qui excite ce superbe courroux, je gagerais qu'il y a encore là-dessous quelques méprises ou sottises de ta part.

— Il y a sujet, sujet réel, crime et grief, une action infâme, une déloyauté, que mes yeux ont vues, que mes oreilles ont entendues.

— Oh! oh! conte-moi ça, je t'en prie, dit Desroches toujours en riant.

— Te souviens-tu de certaine nuit que tu passas au pavillon du château ?...

— Hum !... oui, fait Desroches.

— Y étais-tu seul perfide ?...

— Non !

— Alors interroge ta conscience, et ose encore demander, la cause de mon indignation.

— C'est ce que je me propose, répond Desroches.

— Parbleu, on a bien raison de dire, qu'il n'y a pire sourd que celui qui ne veut pas répondre, et puisqu'il faut ici parler clairement, écoute : je t'accuse d'être un perfide, un homme qui, sous les dehors de l'amitié, de la froide raison, fait ses coups en dessous ; qui, sans égard pour les tendres sentimens qu'avait su m'inspirer cette jeune Annette, a eu l'indignité de me ravir sa possession, de l'entraîner la nuit dans un lieu solitaire, et là, opposant la force, sans doute, aux derniers combats de la vertu, de la violer sans nuls égards pour ses cris et ses sanglots.

— Tu es fou! répond Desroches, devinant d'où naît l'erreur, et fort embarrassé de savoir comment il pourra désabuser Brichard, sur une chose où toutes les apparences semblent réelles, mais dont le fond se rattache à un secret qui n'est pas le sien et qu'il ne peut trahir; cependant, que faire? car, voilà l'honneur d'une pauvre fille compromis.

— Je suis fou!...... du tout, j'ai vu, entendu, te dis-je, oh! cela faisait horreur et dresser les cheveux. Ah! Desroches, je ne t'aurais jamais cru brutal à ce point. La pauvre enfant, comme elle devait souffrir pour se plaindre de la sorte.

— Tes yeux et tes oreilles t'ont complètement abusé mon cher ami, car, je te jure sur l'honneur, que ce n'était point Annette, et que les plaintes que tu as entendues, étaient celles d'une autre personne qui, en proie à de violentes attaques de nerfs, poussait ces cris qui t'on si fort effrayé.

— Je m'efforce d'ajouter foi à ta justification, Desroches; mais, je suis trop convaincu de t'avoir vu fuir du salon avec la perfide, de vous avoir l'un et l'autre aperçus, chuchotant à voix basse, sur le péristyle et fuir vers ledit pavillon, où vous vous êtes enfermé.

— Oui, j'en conviens, ainsi ce sont faites les choses, tout est vrai jusqu'ici, mais le reste n'est que fausseté inventée par ta jalouse humeur.

— Alors, si tu veux que j'ajoute foi à tes discours, donne-moi donc, cruel, l'explication du reste.

— Impossible, mon cher ; car, vois-tu, il y a là-dessous un grand service de rendu, un secret qui n'est pas le mien et m'impose silence, maintenant tu en penseras ce que bon te semblera, mais tu me permettras, toutes plaisanteries à part, de m'offenser de tes doutes injurieux. Quoi, Brichard, ma conduite, les sentimens de mon âme que je t'ai tant de fois développés, ne devraient-ils pas me mettre à couvert de pareils soupçons; qui, moi, abuser d'une jeune fille que je connais à peine, la déshonorer d'une manière brutale, et cela, pour assouvir une indigne passion; oh! jamais, jamais... Mais, au surplus, si ses charmes avaient fait naître en moi le désir de sa personne, qui m'empêcherait de lui faire ma cour, et de chercher à obtenir de l'amour, les faveurs de l'amour même?

— J'en conviens; mais, pouvais-tu courtiser une fille en présence de celle que tu dois prendre pour femme?...

— Il n'y en a pas ici qui doivent m'appartenir; car, mon mariage avec mademoiselle Verbois, n'aura pas lieu.

— En vérité, dit Brichard, allons, quinze

mille francs de perdus ; car enfin, ce mariage rompu, l'héritage me revenait en entier.

—C'est juste, mais moins sordide que toi, en épousant, je t'en assurais la moitié ; ainsi donc, si tu tiens à mon amitié et à ce que j'oublie l'indigne acclamation que tu viens maladroitement de laisser échapper, il faut que, jetant de côté tes soupçons injurieux, tu m'en croies sur parole, et rendes ton estime à cette petite Annette.

—Tu m'assures donc que je me suis trompé?

— Je t'en donne ma parole d'honnête homme, cette jeune fille est pure et toujours digne de ton estime, et ce serait mal la récompenser de l'action bienfaisante qui nécessitait sa présence au pavillon, que de lui tenir rancune et de prendre d'elle une opinion défavorable.

Alors, j'oublie tout ; mais que diable alliez-vous faire dans ce pavillon ?

— Secourir un être souffrant, te dis-je, quelqu'un de bien à plaindre.

— Ah! et sous quel rapport ?...

— Voilà ce qui te restera à savoir, mon cher garçon, je te répète que ce secret ne m'appartient pas.

— Je comprends. Ah çà, comment se fait-il maintenant que tu n'épouses pas cette jolie Prudence?

— Nos caractères ne pourraient sympathiser ensemble.

— C'est singulier, je pensais, au contraire, que vous vous entendiez à merveille.

— Comme amis, d'accord, mais comme amans, époux même, nous ne nous comprendrions nullement.

— Je suis persuadé que la difficulté vient toute de ton côté; ensuite, je me suis aperçu, mauvais sujet, que depuis quelque temps, tu accordes une préférence marquée à la sœur cadette, joli morceau, ma foi ; mais dont je ne voudrais pas pour ma femme.

— Elle est divine, cependant.

— Oui, c'est le diable sous l'enveloppe d'un ange, ah ! si comme moi, tu savais !...

— Quoi ?...

— Oh ! rien, rien, te dis-je.

— Alors, pourquoi ces demi-aveux ?

— C'est juste, j'ai eu tort ; mais Desroches, ne m'interroge pas, mon cher ami, car je pourrai peut-être succomber à la tentation, parler, parler, et alors ! ouf ! je frémis, rien qu'en y pensant.

— Peste ! tu as aussi ton drame et tes secrets, à ce que me font augurer tes paroles ?

—Ah ! mon ami !... Mais laissons cela, vois-tu, car je sens un frisson me parcourir tout le corps, parlons plutôt de ma bergère Annette, tu dis donc, qu'elle est encore digne de mes hommages.

— Qui seront en pure perte, je te le jure, si tes intentions ne sont point d'épouser.

— Epouser Annette! y penses-tu, Desroches?

— Tu veux donc la séduire, mais il y a un instant, tu traitais d'infâme, de suborneur, de perfide, celui qui, selon ta pensée, serait souillé de ce crime, lequel à ce qui paraît en est un, pour tout autre que pour toi.

— Mon ami, l'amour est un monstre qui nous rend injuste et coupable malgré nous.

— Je le vois, mais, pour éviter qu'Annette devienne la victime de ta scélératesse, je vais m'empresser de la marier, car je connais à Paris, un jeune homme qui sera enchanté de sa possession et de la recevoir de mes mains.

— Bah! qui donc? demande Brichard, avec vitesse et faisant une laide grimace.

— Léonard, répond Desroches, ce jeune homme fera son bonheur, j'en suis certain.

— Par exemple ! un homme de rien, encore un de ces êtres comme tu en ramasses sottement sur tous les grabats de la misère, un freluquet, qui ne vit depuis son enfance que de tes bienfaits, que tu as fait élever et instruire à tes dépends.

— Et ajoute, de qui la reconnaissance est sans borne, la conduite exemplaire, et qui chaque jour obtient de plus en plus la confiance et l'estime de la maison de banque où je l'ai placé.

— Tout cela est superbe, mais je te prie, Desroches, de ne point récompenser tes protégés à mes dépends, d'ailleurs, n'as-tu pas, dans je ne sais quel coin de la terre, certaine petite mendiante encore à ta charge, qui conviendrait beaucoup mieux à ce jeune homme, que ma jolie Annette, au fait, cette petite Juliette, comme tu l'appelles, je crois, a près de quatorze ans? Dans un an, rien ne s'opposera à ce qu'on la marie à ton Léonard.

— Non, te dis-je, je préfère lui donner Annette, et comme il me faut un régisseur pour cette terre, j'installerai ici les nouveaux mariés en cette qualité.

— Mais, cruel, tu veux donc me désespérer ?

— Non, mais soustraire une fille sage à tes poursuites criminelles, et faire son bonheur en l'établissant honorablement, aussi, dès cet instant, vais-je écrire à Léonard, de venir nous rejoindre à Blancourt, il y verra la femme que je lui destine, et comme je ne doute pas qu'elle lui convienne, hé bien, nous ferons ici la noce.

— C'est atroce ce que tu proposes là, ah ! Desroches! tu veux donc me faire mourir de douleur et d'amour ?

— Non, mais t'amener à des sentimens plus délicats.

— Me forcer à épouser une paysanne, n'est-pas? moi, qui possède maintenant vingt-un mille francs de rente.

— Oui, mon cher, à prendre pour compagne une jeune fille modeste et sensible, qui promet de devenir un jour l'assemblage de tous les talens, une fille enfin, dont les soins, l'amour te récompenseront au centuple du bien-être que tu auras répandu sur son existence.

— Mais pense donc, Desroches, que je puis rencontrer tout cela dans une fille, dont la fortune doublera la mienne, car enfin, la richesse n'exclut pas toujours les qualités.

— Sans doute, mais à quoi bon tant d'argent, n'en as-tu pas assez pour vivre toi et celle à qui tu donneras ton nom? crois-moi, Brichard, épouse cette gentille Annette, la reconnaissance t'assurera un cœur que tu rencontreras difficilement dans une union, dont l'argent formera toute la base.

— Ah ! pourquoi Annette n'est-elle pas orpheline, peut-être en pareil cas, ne balancerai-je point, mais il existe une masse de parenté, père, mère, cousins, etc., qui répugnent diablement à ma délicatesse.

— Ce sont des villageois, il est vrai, mais des gens honnêtes, je ne vois rien en cela qui puisse t'arrêter, toi et ta femme vous habiterez Paris, et moyennant une légère pension que tu feras au père et à la mère d'Annette, les bonnes gens continueront à vivre heureux et contens dans leur village. Allons, allons, je crois que tu réfléchiras sagement, et je laisse à ta jolie maîtresse, le soin de te décider entièrement en achevant de te tourner la tête.

Encore quelques mots, et Brichard laissa échapper un sourire de satisfaction, se rengorgea en pensant que de sa volonté allait dépendre pour lui, la possession d'une très jo-

lie femme, et l'esprit bourrelé de projets amoureux et conquérans, il prit son flambeau et fut
se coucher.

FIN DU PREMIER VOLUME.

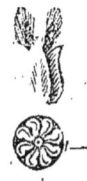

SOUS PRESSE :

LES NUITS
DE
VERSAILLES,

OU

LES GRANDS SEIGNEURS
EN DÉSHABILLÉ,

Esquisses pittoresques,

RECUEILLIES SOUS MM. LES LIEUTENANS DE POLICE HÉRAULT, DE LA REYNIE, LEVOYER-D'ARGENSON, SARTINES, LENOIR, BERRIER, ETC.

PAR E.-L. GUÉRIN,
4 vol. in-8.

L'ESPION RUSSE,

OU

LA SOCIÉTÉ PARISIENNE,

PAR

M*me* LA COMTESSE O**** D****,

Auteur des *Mémoires d'une Femme de Qualité*, de la *Femme du Banquier*, etc.

— 2 volumes in-8. —

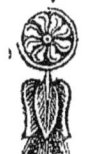

E. DÉPÉE, IMPRIMEUR, A SCEAUX.

www.ingramcontent.com/pod-product-compliance
Lightning Source LLC
Chambersburg PA
CBHW060607170426
43201CB00009B/929